HERO'S

経営という冒険を楽しもう4 後編

山崎文栄堂の奇跡

「HERO'S CLUB」主宰
仲村恵子

CLUB

はじめに

ご縁があってこの本を手にとっていただきありがとうございます。

「経営という冒険を楽しもう」

この言葉には私が伝えたい思いが、たくさん溢れています。

私の子供の頃の夢は、経営者になることでした。

だから普通の女の子が遊ぶお人形ごっこよりも、大阪育ちらしく庭に丸い穴をあけて、泥のたこ焼きをつくり、近所の子供たちに綺麗な葉っぱをお金にみたてて交換していました。

子供のころ売り上げという数字は、「ありがとう」の枚数です。どのくらい喜ばれる事を創意工夫するのか、仲間の驚く顔が楽しみでした。

時が流れ学生として学びながらも、ずっと経営を生業としてきました。

しかしいつの日からでしょうか、忙しい日々の中で気がつけば、もっと大きくもっと早くもっとたくさんの売り上げを……、と追いかける世界に、のみ込まれていったように思います。

幸せになり家族や会社を守る方法は、もっと沢山、働き稼ぐことだと、ほとんどの日本人が思い込んでいるようです。私もそうでした。それは、まるで永遠に登頂することのない登山のようです。少しお金を使えるようになっても、このラットレースに終わりはありませんでした。

そして心底疲れた私に、ついに新世界に旅立つその日がやってきたのです。

普通の成功世界、つまり誰からも賞賛されるコンフォートゾーンから脱出して、普通はどうせ無理と思うかもしれませんが、人生そして「経営という冒険を楽しむ方法を見つけよう！」と心に決めたのです。

時代の変化に挑戦しながら、社長一人が成功するのではなく、会社にいるチームみんなで感動するほど、面白く楽しく幸せに成功する事ってできるのではないか？　正直に言うと、ただただ知りたかった、枯渇するほど知りたかったのです。

幸せに成功する方法、魂が踊る感動の人生。それが、どうすれば手に入るのか？

世界中を冒険し、質問解決のヒントを教えてくれる先生たちの門を叩きました。

はじめに

素晴らしい先生方から信じられないくらい沢山の事をご指導いただきました。世界には、自分では想像出来ない考え方や能力を持つ、まるで魔法使いのような凄い人がいっぱいいる事にも驚きました。

どのように進めばいいのか歩む道を寄り添ってくれるガイド。

行動レベルで実践出来ているかどうかフィードバックしてくれるコーチ。

目から鱗の落ちる新しい事を教えてくれる先生。

考え方を大きく拡げシフトしてくれたメンター。

未熟な私を丸ごと承認してくれたスポンサー。

そして何より私が生きる意味を問いかけてくれたアウェイクナー……。

沢山の素晴らしいご縁に包まれ修行をしてきたように思います。

自分の未熟さに出逢う度にやめたくなったことは数知れませんが、支えてくれたご縁の方が大きかったと思います。

ありがとうございます。

そして、最も私に真実を教えてくれたのは大自然でした。

必要なものをリュック一つにまとめ上げ、何日も我を忘れ歩き続けると、高山に生きる先輩の動物たちも自然に寄り添い隣を歩いていました。

五〇〇〇メートルを超え「酸素ってありがたいなぁ」と感謝しながらの夜明け。八〇〇〇メートル級のヒマラヤ山脈に朝日が昇り、ドラゴンのように連なり輝く黄金の尾根は途方もなく荘厳でした。

「そっか十分に生かされているんだなぁ……」

知りたかった幸せな生き方の真実はシンプルなんだと、ぐるっと世界をまわって、大自然と美しい日本に辿りついたように思います。


ある日先生に「いつまで学生でいるつもり?」と問われ、「まだまだ修行が足りないです」を言い訳にしていたら、「今のままでは生涯のお役目を果たせない。もうそろそろ自分のお役目を果たしなさい」と、優しく背中を押されました。

学ぶ事は楽しいし面白い、しかし知識が増えてもそれを活かせなければ意味がない。だから立ち上がる事にしました。まだまだ未熟である事は承知していますが、新世界を創る仲間を探す冒険に船出しようと思ったのです。

そうは言っても、

「幸せに成功しよう！　経営という冒険を楽しもう」

「考え方をシフトして、組織そのものをピラミッドから、社長も仲間になって、まあるいチームになろう」

「企業の垣根を超えて助け合おう。時代は変わる。昭和の戦い方は通じないよ」

などと私が話して、立派な経営者が私のプログラム――心理学や言語学、瞑想や大自然の登山研修、太鼓や田植え――、に参加するでしょうか？

いきなりはいないと思いました。

その時、考えたことがあります。

日本は百年以上続く企業が世界一多い国。数々の時代の大きな変化に経営者は直面し超えてきたとんでもない生きる直観力がある。だから経営者の直観を信じて、私は毎回、ある意味「経営者のオーディション」に受かり続ければいいのではないでしょうか。

たたき上げの経営者は、能書きはどうでもよく、しっかり行動と成果を見てくれる。とてつもないシビアな判断力がある。私に出来ることが本物であればオーディションに合格するのです。

「お役に立ち結果を出し、喜んでもらえるかどうか、とてもシンプル。だったら挑戦してみよう」

そう覚悟して、学ぶ側から、学びながら教える側へ、新しい世界にシフトすることができたのです。

そして、創業百周年をむかえる、たたきあげの実力者、仕事とお金に超厳しく、しかし売り上げ以外は何もかも八方塞がりの山崎文栄堂の山ちゃんと出逢ったのです。

当時、社長を中心に疲弊していた文栄堂のチーム全員の課題を全てクリアし、もし最高に幸せに成功できれば多くの企業の希望の光となると思ったのです。

(出逢った頃の山ちゃんはすごく眼差しが冷ややかで、役員の謙ちゃんは周囲に全く興味なしって感じでした。今はあたたかく信頼できる同志であり、人生最高の仲間です。笑)

前編では、孤独な経営者の山ちゃんが考え方を変え、コミュニケーションを学び、謙ちゃんと同志になり志経営にコミットする話を書きました。

この後編では幹部の友ちゃん美奈ちゃんと仲間になり、試練を超えて社員がワンチームになる。そして営業会社が営業せずに、お客様から御指名で注文が相次ぐようになる話です。

今までのあらゆる課題、つまり離職率・クレーム・採用・営業・売り上げ、を解決し、幸せ・貢献・自由・楽しさ、を手に入れて、全く新しい働き方改革に成功した奇跡の物語を、ぎゅぎゅっとまとめています。

紆余曲折十年間の大冒険は、あまりにもエピソードが多すぎて全部は書ききれませんが、山崎文栄堂の奇跡の物語が、少しでも皆様のお役に立てれば幸いです。

魂は永遠かもしれませんが、せっかく生まれてきた地球でのひと時を、最高の仲間と共に楽しみませんか？

人生と共に「経営という大冒険を楽しもう！」

あなたとお逢い出来る日を、心から楽しみにお待ちしています。

大冒険の航海士

「HERO'S CLUB」「豈プロジェクト」主宰

株式会社ワールドユーアカデミー　代表取締役　仲村恵子

はじめに

経営という冒険を楽しもう　4

山崎文栄堂の奇跡　後編

目次

山崎文栄堂の奇跡　後編

離職率八〇%の企業が、社長が変わり、幹部が魂の同志になり、
社員がワンチームになり、神様の試練を乗り越えて、
他力の風が吹く幸せな経営を手に入れるまでの三六五〇日間の真実の物語

STEP 3　社員全員がワンチームになる

山崎文栄堂の奇跡　後編

離職率八〇％の企業が、社長が変わり、幹部が魂の同志になり、
社員がワンチームになり、神様の試練を乗り越えて、
他力の風が吹く幸せな経営を手に入れるまでの三六五〇日間の真実の物語

STEP 3　社員全員がワンチームになる

第1章　山崎文栄堂　新たなる出発

山崎文栄堂に降りかかる大事件

「支払いがない……。そ、そんなことって」

山崎文栄堂オフィス通販事業部長、櫻井友子は、茫然とパソコン画面を見つめていた。何度見返しても、そこには入金が無かったことを表す『〇《ゼロ》』の数字が表示されていた。

気を取り直し、震える手でメールを書いた。口頭で要点と現状を説明する自信がなかった。送信した。

続けて、携帯電話を取り出す。汗を拭いながら大きく唾を飲み込み、アドレス帳の『山崎登』を押す。

「はい、山崎です！」

いつも通り元気な、山崎文栄堂の社長、山崎が電話に出た。

「す、すみま……」

急に涙がでてきてうまく喋れない。

「メ、メールを、みてください。よ、よろしくお願いします」

「わかった。また、連絡するよ」

ただならぬ雰囲気を感じたのであろう。山崎の声は真剣な響きに変わった。櫻井は携帯電話を切り、両手の肘を机について、手のひらで両目を覆って泣いた。

(なんてことをしてしまったんだ。会社が潰れてしまう)


外出していた山崎は、櫻井からの電話を切ったあと、目についた公園のベンチに座り、携帯電話に届いていたメールを読んだ。

どうやら、商品を受け取った後、支払いをせずに姿をくらます、商品取り込み詐欺にあったようである。

被害金額は一二〇〇万円。

痛いことは痛いが、今の山崎文栄堂であれば穴埋めできる範囲である。

(事態の究明を焦る前に、落ち込んでいるだろうから、皆で今夜は残念会でもするか)

そう思いながら、山崎はもう一度、メールを見た。

「ん、ん？」

山崎は、自分の顔が固まり、頭の中が真っ白になるのがわかった。全身の力が抜けていく。

〇を一つ見落としていた。被害金額は、一億二〇〇〇万円であった。

その数字は、山崎文栄堂を簡単にぺちゃんこに押し潰せるものである。

（倒産してしまう）

山崎は、一瞬、目の前が真っ暗になった。

二〇一六年の冬。山崎の体の中に入り込み、心まで凍らせてしまうような、冷たい冷たい北風が、吹き荒れていた。

大事件の一年半前　戸惑う櫻井友子

「『幸せな社会を創り拡げる』に決まりました。皆さん、よろしくお願いします！」

山崎文栄堂を揺るがす大事件が起こる約一年半前、二〇一五年五月の会議室。

幹部たちが集まる定例会議の冒頭に、山崎が突然『山崎文栄堂の志経営』を発表した。この数日前、山崎の右腕である若狭謙治と一緒に屋久島の宮之浦岳に登った際に決めたのだという。

山崎の横に座っている若狭は、にやにやしていたが、それ以外の幹部は全員、唖然とした表情を浮かべている。

(良くわからないけど、また、屋久島で何かを学んできたのかしら?)

櫻井も、そんな表情をした一人であった。

櫻井は、二〇〇二年に山崎文栄堂に入社した。若狭よりも数ヶ月早い入社で、山崎文栄堂がまだ家族経営だった頃からの社員である。『おしごとたのしく』というキャッチコピーになんとなく惹かれて、パート社員として入社した櫻井は、様々な新規事業に携わった後、オフィス通販事業部に合流した。しかし、数字だけを追う営業は正直苦手であった。

より良い環境づくりのために試行錯誤するのとは違い、何もかもが数字で判断される日々は、「なぜ達成できない?」と山崎の詰問を受け続ける日々であり、櫻井にとって苦痛だった。厳しい目標設定や長時間労働に疲れ果て、毎朝会社がある渋谷駅に到着すると気分が沈んだ。成果が出ず、お客様に喜んでもらっている感覚も持てなかった。

会社は辞めたかったが、もともとがのんびりとした性格であることや、辞めるために、山

幹部として評価されていった当時の櫻井

崎と色々なやりとりをしなければならないことを避けて、ずるずると勤め続けていた。

　そんな中でも、人との調整役として力を発揮するタイプだった櫻井は、上からの指示には的確に応えることが出来たし、商談や会議等のスケジューリング、得意先へのフォローなどは皆が櫻井を頼るほどであった。このため、若狭からも、これらの点が評価され、幹部となったのである。

「櫻井さん、話したいことがあるので、この後、社長室に来てくれるかな？」

　この会議の後、櫻井は、山崎と若狭に声をかけられた。

（なんの話だろう。売り上げ目標の話かな。それとも、さっきの志経営に合わせて仕事のやり方を変えるつもりかな……。また、社内は混乱

するだろうな）

櫻井の気は重かった。

櫻井が入社した次の年頃から、当時最新の経営戦略を取り入れた山崎文栄堂は、オフィス通販事業で目覚ましく売り上げを伸ばし続けた。二〇一二年には、新規顧客開拓部門で全国一位を達成したほどである。

しかし、それは山崎の「三倍働いて成果をだして、三倍幸せになろう」という方針のもと、非常に辛い毎日のノルマと、達成不可能と思われる高い売り上げ目標を、社員に課した上に成り立っていた。

日に日に社員は疲弊していき、離職率は八〇％を超える状況となった。

この状況を何とかしようと考えたのであろう。山崎は数年前から、それまでの数字で全てを管理する昭和型経営方式とは一八〇度違う、志経営を学ぶ経営者勉強会に参加し始めた。若狭も、山崎の少し後にその勉強会に参加し、一緒に社内改革を進めようとしているようであった。

これに巻き込まれるような形で、櫻井も、山崎と若狭から指示を受け、この勉強会に一年ほど前から参加していた。

この会は、コミュニケーションや他人と自分との考え方の違い、そして自分の本質に向き合うなど、数字には表れないと思っていたことが数字に直結している真実や、生きる上で大切なことを学ぶのである。

それまでの山崎文栄堂の研修は、大きな声を出す研修や、売り込みのシミュレーションをする研修など、体も心も疲れ切る研修が多かったが、この勉強会の研修は違った。自分と向かいあったり、他人と自分との違いを理解して、他人の気持ちを推し量るような学びが続くのである。

この学びの効果であろう。山崎や若狭がそこで学び始めてから、確かに、社員に対するノルマが少しずつ緩和されていた。しかし、高過ぎる売り上げ目標は相変わらず掲げ続けながら、社員への縛りを緩和するという相反する施策をとっていたため、社内は大きく混乱している状態にあった。櫻井も、幹部として社員に指示を出す側であるが、社員にどう指示してよいか困ることも多々あったのである。

(ああ、入りたくない……)

社長室の前に立った櫻井は、気分が沈むのと若干手が震えるのを感じていた。社長室に呼び出され「なんで、できなかったんだ」の質問攻めに合った過去の出来事がよみがえる。反射的に、心も体も重苦しい悪い反応を起こすようになっていた。

「失礼します。櫻井、入ります」

意を決して、社長室に入る。

（あれ？）

櫻井は、社長室に入ってすぐに、大きな違和感を抱いた。山崎と若狭は立ち話をしていたが、その雰囲気が、今までと全然違うのである。

以前は、日光が明るく射し込む社長室の中で、山崎の黒いオーラが漂っていた。しかし、今は、山崎と若狭の二人が陽で輝いているように感じる。

「経営ビジョン『幸せな社会を創り拡げる』、どうだい？　なかなか良いでしょう」

すぐに、山崎が話しかけてきた。

「そ、そうですね」

慌てて答える櫻井。

若狭がフォローを入れる。

「そんなこと急に聞かれたって、わからないよね。後で説明するから」

山崎が、頭を掻きながら
「そうか、ごめんごめん。そういえば、この前の内省内観ワークはどうだった？」

若狭も乗ってくる

「それは、僕も聞きたいなあ」

内省内観ワークとは、山崎と若狭が通っている経営者勉強会で、最初の研修を終えた後に行うワークで、徹底的に自分自身の内面と向き合い、強みや特徴、現状うまくいっていない事象の原因を探っていくという、この会の主催者である仲村恵子さんが作り上げたワークである。

恵子さんは、もともとは会社を経営していたが、少し前までの山崎文栄堂のように売り上げだけを追い求める経営に疑問を持った。そして、幸せな経営者をつくるために世界各地を飛び回り、様々なメンターから学び、経営者勉強会を立ち上げたとのことである。数日前に山崎と若狭が参加した屋久島宮之浦岳ワークも、恵子さんが編み出したものであった。

櫻井は、山崎と若狭の指示で、勉強会の内省内観に参加していた。これから、丸五日間ワークを行うとのことである。

(大丈夫かなあ、五日間も営業しないで。まあ、指示されて来たわけだから、きっと大丈夫なんでしょ。言われた通りにやろう)

特に何の期待も感じない中で、ワークが始まった。内容は、テーブルの上に用意されたメモに現在と過去の状況を書き出し、それが起こった背景や原因、共通点などを恵子さんの巧みな誘導で見つめていくというものであった。

(まずは、過去か)

自分の過去、これまでの人生を振り返る。

のんびりするのが好きで、結構マイペースで行動することが多かったように思う。ペースが崩れ出したのは、山崎文栄堂に入社してからだ。それでも、最初の一、二年間は新規事業にも携わり、忙しくも楽しい記憶が蘇る。

(ハァ……)

その後から現在までの状況を振り返っているとき、櫻井の口から自然と溜め息が漏れた。とたんにペンがとまり、メモに何も書き出せなくなった。

(山崎が猛烈型経営方針に舵を切ってから、もう十年は経過している。その間、私は何をやってきたの?)

櫻井は、何度も何度も自分に問いかけた。でも、何も浮かんでこない。

そんな状態で内省内観ワークの二日目が終わろうとする頃、恵子さんが全員に向かって言った。

「何も書き出せないという方もいるでしょう。そういう方は、焦ったり自分を責めるのではなくて、それをすべて受け入れてみてくださいね。あと、質問を変えてみるのもよいかもしれません。あと、三日間あります。じっくり自分と向き合ってください」

（すべてを受け入れるかあ。よく分からないけど……。明日は少し自分への質問を変えてみようかな）

そんなことを考えながら、櫻井の二日間は過ぎた。

内省内観ワーク三日目、櫻井は少し自分への質問を変えてみた。

（この十年ほど、自分はどういう気持ちでいたの？）

――山崎のことが嫌いになった。

――売り上げを追いかける営業は苦手でやりたくなかった。

――嫌なことでも、会社から言われたことを、言われた通りにやるのが一番大事だ。

――いやだけど、まあ給料ももらえているし。

――のんびりしたい。

――クレームがこない日があったらうれしい。

――面倒ごとに関わりたくない。

メモが進み始めた。

四日目は、書き出したメモから共通する事項を抜き出していく作業を行った。

（なんだか、不平不満ばかり。こうしたいという意思や、自分でやりたいからやった行動というものは、ほとんどない……）

疲弊している自分。同じように疲弊している社員。この状況が良くないことは分かっている。でも、まずは売り上げをあげないと仕方がない。

（社員が疲弊しているのは自分のせいではない。会社の方針なんだから、どうしようもないことだ）

そんな諦めのような気持ちが櫻井の心に広がった。そしてメッセージが浮かんだ。

『自分がない』であった。

会社から言われたことを言われた通りにやるのが一番大切だと、無理やり自分に思い込ませる。そして、ただただ目の前のことに追われるフリをして、自分や周りの人と向き合うことを避ける。そんな、現実逃避している自分が浮かぶ。

山崎と議論をしようとして叱責された過去の自分。その後からは、山崎と極力関わらないようにもなっていった。

「はい」

「分かりました」

「大丈夫です」

いつの間にか、山崎から何かを言われたときの答えは、この三種類だけになっていた。

無意識に、自分と山崎の間に壁をつくり、自分を守ろうとしていたのであろう。山崎だけでなく、他の社員とも、とにかく関わりたくない、この場をとりあえず凌ぎたい、そんな自分になっていることに気がついたのであった。

(その原因になった出来事が、過去にあったかな?)

恵子さんに指導された通り、そのキーワードの根本を櫻井は探った。しばらくすると、遠い昔の出来事が思い出されてきた。


思い出されたのは、小学校三年生頃の体育の授業での出来事だ。

頭の中が真っ白になりながら、必死で鉄棒の逆上がりにチャレンジしている。

逆上がりが全員ができたら授業が終わるという流れの中、四〇人のクラスで逆上がりに成功しないのが櫻井だけになっていた。みんなが成功して待っている中、一人、失敗を繰り返した。

(自分のせいで、皆に迷惑をかけている。この場に私なんかいない方がいい)

恥ずかしいという気持ちもあったが、自分のせいで四〇人を待たせていることからくる、この場からいなくなりたいという思いを、強烈に思い出した。

この時の体験から、「人に影響を与えたくない」、「迷惑をかけたくない」という思いが強化された。そして、そのためには「人との関わりに距離をとろう」、「自分の意見があっても口に出さないほうが波風が立たなくてよい」、「余計なことは言わないようにしよう」というのが、行動の基準になっていった。

その影響であろうか。自分と相手との間に壁を作り、人と関わらないようにもなっていった。「変なことに巻き込まれたくない」、「自分の周りで問題を起さないでほしい」という感情が強まる。

いつの間にか、相手から干渉されない距離を無意識に保つようになっていたことに櫻井は気づいた。

(『自分がない』か……。確かにそうだ。人と極力関わりたくない。それが私の根本にあった。会社を辞めたいと思っていても、辞表を出すときに山崎にあれこれ言われるのが嫌で、言い出せないでいるんだし……)

大きな気づきを得た櫻井。

今の自分を作っている思い込みがわかった段階で、快方の道は始まっている。その後、恵子さんの導きで、大きく根付いてしまった小学校時代のトラウマが、今となって許せること、みんなは非難していたのではなくて応援していてくれたこと、など考え方を変えることによって、心のしこりが消え始める。

そして、自分を持っていいこと、もっと周りと関わっていいこと、仲間だったら迷惑すら感謝に変えられること、そんな大切なことを実感する大きな学びがすぐ近くに迫っていた。

社長室に呼び出された櫻井は、また山崎から詰問されるのではないかと、体が固まるのを感じて下を向いていた。

そんな櫻井に、山崎が朗らかに告げた。

「みんな一緒に、屋久島に行くぞ」

「えっ。あ、は、はい」

(屋久島？　訳がわからない)

混乱状態の中で、なにやら謎の屋久島行きを決定させられた櫻井であった。

限界を感じる　清家美奈

「昨日、社長と若狭さんから、一緒に屋久島に研修に行くと言われちゃった」

「えーっ、それ、私も言われました」

山崎文栄堂の幹部の一人、清家は、たまたま会社を帰るタイミングが一緒になった櫻井とカフェで話していた。

二〇〇四年、物を売るスキルを身につけようと就職活動で営業職を探していた清家は、就活情報サイトに紹介されていた山崎文栄堂に出会い入社した。

山崎文栄堂が売り上げ拡大に本格的に乗り出した後に入社した清家は、入社直後から「私、清家美奈の訪問目標は一〇〇件　開拓件数三件　取るまで帰ってきません。いってきます！」と大声で叫ばされて、毎朝営業に出掛ける日々を過ごした。

清家は、「三倍働いて成果をだして、三倍幸せになろう」という山崎の方針に則り、朝から晩まで働いた。会社を辞めたくなることもあったが、上司の若狭から「どの会社に行っても、自分が変わらなかったら変わらないよ」と言われ、「確かにそうだ」と納得して仕事を続けた。

三ヶ月に一回の頻度で企画される営業キャンペーンで目標を達成してボーナスを獲得すること、オフィス通販で全国一位を取ること、という個人と会社の目標達成に向かって頑張った。

入社当初からこの営業スタイルであったこともあり、若狭や櫻井とは違い、清家自身は、それほど抵抗なく仕事を行い、目標達成に向かって努力することも楽しく感じていた。

そして、二〇一二年、若狭がオフィス通販会社新規開拓部門の全国一位に輝いた。

オフィス通販会社のエージェントアワード表彰式にて
櫻井（左）清家（右）

そして二〇一六年には、新規開拓部門で全国五万人中、名だたる男性営業マンをはねのけて、櫻井が三位、清家が十位まで戦いぬいた。

つまり、清家が考えていた大きな目標が達成された。

その先に何があるのか、清家は想像していなかった。そして、その先にあったものは、さらに高い売り上げ目標であった。

（終わりがないんだ……）

今やっている仕事には、終わりがなく、目標をクリアすると次の目標が現れる、この繰り返しだと悟った。そうすると、体もどんどんと動かなくなっていった。気力も萎えていく。

（頑張れない。もう、限界……）

仕事を続けられないと心底思い始めたと

き、若狭から、経営者勉強会の研修会に参加するように指示を受けた。研修会を受けた後、内省内観ワークへと進んだ。

研修ルームで、五日間、自分の内面と向き合った。

周囲からは、『愛』とか『幸せ』とか、そんなキーワードがささやかれるが、清家はそういう言葉には違和感しか感じなかった。

そしてわかった、自分には「愛がない」「愛の使い方が分からない」と。「苦労は買ってでもする。自分は幸せになってはいけない」という思い込みがあるということを。

小学三年生頃の国語のテスト用紙が採点され返却されるシーンが浮かび上がる。

「加藤さん」

「はいっ」

成績の良い人から先に名前を呼ばれ、テスト用紙を受け取って休み時間に入るという仕組み。いつまでたっても、清家の名前は呼ばれない。教室に残っている人はまばらになってきた。自然と清家はうつむいて机だけを見つめた。

(まだか……。また別の名前が呼ばれた……)

「清家さん」

やっと名前が呼ばれた。顔を上げて周りをみると、誰も残っていなかった。清家は一番最後だった。

（私は駄目な人間だ……。消えてしまいたい）

勉強のできる人は、すべて上手くいく。すべてを手に入れられる。地位も名誉も財産も全て。一方で、自分には何もない、何も得意なことがない。そんな人間は、人の嫌がることをやって生きていくしかない。苦労して努力して何とか人の役に立たないと生きている意味がない。

そう思い込むようになっていた。

学校で誰もやりたがらない、ごみの片づけや学級委員や生徒会長もそんな気持ちでやった。決して、好きでやったのではない。何もできない自分は、なんでもやらないと駄目だという思いがそうさせたのであった。

「どうしたの？」

険しい顔をして黙っている清家に、櫻井が声をかけた。

「あっ、すみません。内省内観ワークのことを思い出していまして……」

我に返った清家は答えた。

「思い出していたのは、社長が様子を見に来たって時のこと？」

「はい、それも……」


清家が、内省内観ワークで自分を見つめている時。

「どうだい。なにかキーワード浮かんできたかい？」と突然、山崎が研修ルームに入ってきたのである。

「なんで入ってくるんですか！　放っておいてくれませんか。一人にさせてください！」

清家はカッとして、思わず叫んでしまったのだった。


「なんで、あんなこと叫んじゃったんでしょうか……」

そのシーンを思い出して、清家は両手で顔を覆う。

「でも、そのときに、はっきり気づいたんですよ。私は、社長のことが嫌いなんだって。この気持ちはどうやっても消えないです」

そんな清家をなだめるように櫻井が質問した。

「昨日の志経営はどう思った？　もしもだけど、あの志経営が本当に実現すれば、会社は変わるかもしれないけど……」

「そうだといいですけどね」

僅かな期待を抱く清家自身も変わることができるのか。

内省内観で自分の本質とトラウマに気づいた、そしてその固まった心のほぐし方も恵子さんに教えてもらった。

そしてそれが、頭ではなく体で、いや魂でわかる日が訪れようとしていた。

第2章　屋久島モッチョム岳

チームビルディング研修

櫻井は戸惑っていた。なぜ、みんなで共に山を登っているのかと。

櫻井の前には山崎と若狭がいる。いつものスーツ姿ではなく、ウィンドブレーカーと大きなリュックを背負って。

不思議なこの光景は、普段の日常からあまりにもかけ離れていて、未だうまく状況が呑み込めていなかった。

「ねえ。なんなの、これ」

前を歩く山崎と若狭をちらと見た後、隣を歩く清家に思わず声をかけた。

「私だって分かんないですよ」

清家も同じく戸惑っているように見えた。二人は顔を見合わせ、同時に首を傾げると、互いに引きつった笑みを浮かべた。

「疲れた……」

櫻井が俯きながら呟く。

「私もです」

清家も続けて呟いた。

二〇一五年十月、櫻井と清家は、山崎と若狭に連れられ、屋久島に来ていた。数十キロの荷物を担いでモッチョム岳を登るというチームビルディング研修に参加していたのである。この研修で一週間も会社を不在にするため、二人はここ数日間は普段に輪をかけて忙しく働かなければならなかった。

モッチョム岳は標高差が七〇〇m以上もあり、屋久島の中でも急な登りが多い山である。そんな凸凹の山道を、櫻井と清家は、慣れない足取りで山崎と若狭の後をついて登っていく。

見慣れない植物や、緑色の苔で彩られた木々。幻想的な風景が二人の前に広がってはいたが、そんな景色を楽しむ余裕はなかった。油断すると足を滑らせる木の根を避けながら、重い足取りで二人は歩いていた。

「みんな、これくらいで大丈夫？　速いですか？」

山崎が振り返り、言った。

「あ、私は大丈夫です」

無表情で答える櫻井。清家も俯きながら「私も」と言った。

(屋久島で山を登ることに何の意味があるのか、全然分からない……。普通に会社で仕事をした方がよかった)

早く頂上に着くように願いながら、ただただ櫻井は歩いていた。清家も同じ気持ちなのであろう、下を向いて無言で歩いている。

二人の気持ちを察したのか、今度は、先を行く若狭が声をかけてきた。

「この屋久杉、すごいよ。パワーを感じるよ」

顔を上げると、確かに目の前に大きくて神々しさも感じるような大木がそびえたっていた。

「すごいですね」

言葉を発した後、あまりに棒読みで気持ちがこもらない自分の言葉に驚いた。早く帰りたいという気持ちしか感じなかった。

そんな櫻井を励ますように若狭が言う。

「もうちょっとで、展望台があるはずだから。そこで休憩しよう」

「はぁい」

溜め息が入り混じったような声で後ろを歩いている清家が答える。櫻井は答える気力もなく、頷くのが精いっぱいであった。

「ガサッ」

突然、前を行く山崎の姿が消えた。

「山ちゃん！」

若狹が駆け出す。

「山崎さん！」

櫻井と清家も、一瞬何が起きたか分からず立ち止まった後、早足で若狹の後を追った。

「ああ、ごめんなさい、大丈夫だよ。ちょっと足を滑らせただけだから」

山崎の声が聞こえる。近くまで行くと、窪みで尻餅をついている山崎の姿があった。すでに隣に駆け寄っていた若狹が言う。

「山ちゃん、屋久島の時間を作るため、仕事詰め込んだでしょ、あんまり無理しないようにしてくださいね」

「そうだねえ。でも、もう大丈夫だから先に進もう。ごめんごめん」

山崎は、何もなかったかのような足取りで歩き始める。

櫻井は、後を追って歩き出した。

「社長、大丈夫ですか？　そこまで大変な思いをしてまで屋久島に来ることはなかったんじゃ……」

櫻井は、最後に言葉を詰まらせた。

（しまった。つい本音がでてしまった……）

山崎は、最近穏やかになり、以前のように詰問を繰り返すことはなくなっていたが、昔の記憶が櫻井の心にこびりついていた。山崎に本音を話すことはできなかった。怖かった。この瞬間も、山崎に責められる映像が脳裏をよぎり、体が硬くなるのを感じていた。

山崎が櫻井の方を振り向いた。それまでと違う脂っぽい汗が額からにじみ出る。思わず目を逸らした。

「そう思うよね、普通は。本音を話してくれてありがとう。嬉しいよ」

櫻井は一瞬、自分の耳を疑った。そのくらい優しい山崎の声が届いたのであった。予想外の展開にぼーっとしていると、さらに予想外の展開が続く。

「ごめんなさい！　友ちゃんには、本当に申し訳ないことをし続けてしまった」

急に山崎が立ち止まり、謝罪したのだ。謝罪とともに櫻井のことを、名前の友子から、友ちゃんと呼んだことに驚きが隠せなかった。

「あ、ありがとうございます。まあ、歩きながら話しませんか？」

突然の山崎からの言葉に、さらに混乱した櫻井は、妙に冷静な態度をとった。しかし、友ちゃんと呼ばれたことに関しては、不思議とあまり嫌な気分ではなかった。

再び歩き始める二人。

「ごめんごめん。また、私の気持ちが先走ってしまった。ゆっくりでいいから、話をきいてほしい」

山崎が話し始める。

「実は……、友ちゃんは、私のことを嫌っていると思っていたんだ」

「え?」

混乱が収まらない櫻井に、山崎はゆっくりと語りかけた。

「会議で意見を求めても、はっきりとした反応が返ってこない、意見が出てこないということに対して、やる気がない、聞いていないと決めつけていたんだ。無理やり意見を言わせるように、畳みかけるような質問を繰り返したこともあったと思う。本当にすまなかった……」

いつも強い態度だった山崎。でもその奥では、自覚していて自問してくれていたんだ。櫻井が気づいた様子を感じ、山崎が続ける。

「たまに言ってくれる意見も、友ちゃんの意見は的を射ていることが多くて、なんだか自分が否定されるようで、本当は怖かったんだ」

いつにない弱みを見せる。本音の山崎がそこにいた。

「でもそれは、ただ、私がコミュニケーションというものを理解していないだけだったんだ。経営者勉強会で恵子さんから指摘を何度も受けて、やっと気づけた。コミュニケーションの取り方にも、人それぞれに個性がある。私は、テニスのラリーの応酬のように、テンポよく、その時の感覚で話をするタイプ。友ちゃんは、野球のキャッチボールのように、一度言葉をしっかりと受け止めて、握り直してから返すタイプ。ただ、タイプが違うだけだったんだ。それぞれのタイプに、長所と短所はある。私は、友ちゃんの短所の方ばかりに注目してしまっていたんだ。私の意見や提案をじっくりと受け止めて考えてくれていたのに、本当に山崎文栄堂のことを考えていてくれていたのに、全然気がつかなかった……」

若干涙声になっている山崎の言葉を、櫻井は無言で聞いていた。

その後、二人は無言で歩く。

深い森は日光を遮り、風も吹いていない。

聞こえるのは、山崎と櫻井、そして、少し後を歩く若狭と清家の足音だけ。

その沈黙を破り、山崎が櫻井に言葉をかけた。

「……やっと話せた。会社にいるとなかなか本音を言えないのだけど、不思議なんだよ。屋久島にくると素直になれる。本当に申し訳なかった」

サラサラという木々の葉の擦れあう音とともに、爽やかな風が森の中を吹き抜けた。

その風に後押しされるように、櫻井は口を開いた。

「ありがとうございます。そんなに私のことを考えていただけたなんて、とても嬉しいです」

頬を撫でる風が、それまで降り積もっていた山崎への負の感情を吹き飛ばすかのように、櫻井の心の強張りが和らいだ。

『自分がない』内省内観ワークで現れたキーワードを櫻井は不意に思い出した。幼い頃の思い込みに起因して、いつの間にか、自分の感情を押し殺し、山崎に対しても他の社員に対しても壁をつくり、自分が傷つかないようにその場凌ぎで接してきた。自分にも嘘をついて生きるようになっていた。

（でも、それは、今の会社の経営スタイルを維持するためには仕方のないことだったのではないか）

それまでの行動が悪いことであり、それを正さないといけないと思っていた櫻井に、ふと、そんな考えが浮かんだ。そして、自分を少し許せる気持ちになった。その気持ちが山崎に対しても広がっていった。

（もしかして、社長も、今の経営スタイルを貫くために、私と同じように本当の自分を押し

殺して、厳しい社長を演じなければならなかったのかもしれない）

櫻井は、これまで遠くにあった山崎との距離が少し縮まり、同時に、山崎を許容する気持ちも強くなっていくのを感じた。

（本当の社長は、いま目の前にいる本音や弱音を語る社長なのかもしれない）

そんなことを考えながら歩いていると、突然、視界が開けた。

目の前に青々とした空が広がった。

そして、水平線まで見渡せる海が眼下に広がる。

「わーっ。きれいですねー」

びっくりして、櫻井は声を上げた。

「本当だねぇ。心が洗われるようだね」

山崎が、満面の笑みで答える。

（なんだか、これまでそびえたっていた社長との壁が低くなった気がする）

櫻井も自然と笑顔になった。

溶け始める幹部の心

山崎と櫻井が歩いている少し後ろを、清家は、若狭と歩いていた。

「社長、一週間ギッシリ仕事を詰め込んだのですか？」

清家が尋ねる。

「たぶんね。社長室の電気がずっとつきっぱなしだったから。まあ、一週間会社を留守にする訳だから、ある程度仕方ないけどね」

そう答える若狭。

（社長室の電気がつきっぱなしだったことを知っているということは、若狭さんも、ほとんど休んでいないのかもしれない。何で、そこまでして屋久島に来たんだろう）

清家は不思議でならなかった。理由が分からず黙って考えながら歩いていると、若狭が声をかけてきた。

「この前の件なんだけど」

「はい？」

一瞬、何の件か分からず聞き返す清家に、若狭が言った。

「この前、電車の中で話していた件。その、会社をやめたいっていう……相談」

「あ、はい」

清家は、数日前、若狭と営業で一緒に外出した帰りの電車の中で「終わりの見えない営業を続ける気力がなくなりつつある。会社を辞めるしかないと思っている」と伝えていたのである。そのときは、若狭は「そうか」と言ったきりであった。肯定も否定もされずモヤモヤとしていたが、まさか、この場面でこの件を切り出してくるとは思ってもみなかった。

若狭が立ち止まった。そして、清家の目をみた。叱咤の言葉、「そんな弱音を吐いてどうする。まだ大丈夫だ。頑張れ」そう言われると思いながら立ち止まったが、自分の耳を疑った。若狭の言った言葉は、

「そうだよね。辛いよね。ごめん」

であった。

「えっ。い、いえ、それほどでも」

顔が引きつるのを感じながら、訳のわからない返事をした。そのぐらい驚いた。若狭は続ける。

「実は、僕も同じ気持ちなんだよ。どこまでも目標を高く設定し、常に一位を目指す。終わりのない営業、数字に追われるだけの人生は、もう限界だと思っていたんだ」

（えっ？　あのワッカーサーが？　信じられない）

若狭はその威圧的な言動から、進駐軍司令官、帽子とサングラス姿でお馴染みのマッカーサーをもじって、社員の間ではワッカーサーと呼ばれていた。

「これまで、どれだけ美奈ちゃんや他の社員たちに無理をさせてきたかと思うと……。本当に申し訳なかった」

若狭が頭を下げた。

「い、いいですよ。大丈夫です。さ、先を急ぎましょうか」

美奈ちゃんと呼ばれたことにも戸惑った。清家は歩き始めた。若狭がそんな弱い面を自分に見せるとは、夢にも思っていなかった。

若狭と清家、そして、少し前を歩く山崎と櫻井の足音以外、まったく音がしない静まりかえった森。

その中で、清家は自分の心臓がバクバクと大きな音をたてているように感じた。二人は無言で森の中を進んだ。

（一体どんな変化が若狭さんに起きたのだろう。とにかくびっくりした。でも、この森のお陰か少しずつ落ち着いてきた。そして不思議と素直になれる）

「若狭さん」

今度は清家が立ち止まり、若狭に向けて叫んだ。

「私の気持ちを分かってくれて、ありがとうございます！　めちゃくちゃ嬉しいです！」

振り向く若狭。その顔には、驚きと嬉しさと気恥ずかしさが混ざったなんともいえない表情が浮かんでいた。

「美奈ちゃん、ありがとう！　ちゃんと伝えられてよかった。実は、この前の電車の中で、このことを伝えようとしたんだけど、言えなかったんだ。やはり、この屋久島という環境は大切なんだな。不思議と素直になれる」

その言葉を若狭が言い終わる頃に、爽やかな風が吹いた。

「本当ですよね。この風で、ワッカーサーの帽子とサングラスも飛ばされたみたいですね」

笑顔で清家は言った。

「おお。確かにそうだな。というか、素直になりすぎだろ」

若狭も笑顔で返す。

（若狭さんも、一人の人間なんだ。少年のように笑ったりもするんだな）

そんな当たり前ともいえる気づきが新鮮に感じた。

その時、この森の向こう側から、山崎と櫻井の笑い声が聞こえた。

「よし、合流するぞ」

二人は足早に前進した。森を抜けると急に視界が開けた。空と海の青を背景に並んで山崎と櫻井が立っている。

「うわーーっ。めちゃくちゃきれい！」

清家は思わず叫んだ。

「それは、僕のことかな？」

とぼける山崎。若狭がすぐにツッコミを入れる。

「そんな訳ないでしょ」

四人は、一緒に笑った。

（社長も、やっぱり一人の人間で、こんなに楽しそうに笑うんだ）

部下と上司から、仲間へ

「あっ、そこの石滑るから気をつけて。歩き方はこうするといいよ」

山崎や若狭が、櫻井と清家に声をかける。

「ちょっとだけ、荷物持ちますよ」

櫻井と清家も、山崎と若狭をサポートしようと試みる。

急な坂や岩場を、皆で助け合いながら乗り越える。そして、モッチョム岳の頂上に辿り着いた。

見渡すかぎりの絶景。

「やったー」「おーっ」

四人は、そろって両手を上げて叫ぶ。

すべてが美しかった。

肺に含んだ空気が美味しかった。

風は優しく、眩い光は温かい。

木々が、草が、花が、緑が、歓迎していた。

山は、誰をも受け止める絶対的な雄大さで、迎え入れてくれていた。

「嬉しいなあ。嬉しいなあ。皆で来られて、本当に嬉しいなあ」

山崎が、涙ぐみながら言う。

櫻井は、その姿を見て、社長と社員という上下の関係を忘れそうになった。

「社長や若狭さんが、上司って気がしなくなってきたね」

櫻井がそう清家に言う。清家は頷いて、こう言った。

「本当ですね。この大自然の中にいると、会社の上下関係は忘れてしまいます」

「そうだね。今なら、色々と本音を話せるかもしれないね」

櫻井は清家に笑顔でこたえた。

4人で初登頂・屋久島モッチョム岳山頂にて

第3章　モッチョム岳を登り終え

山崎の提案

登山を終えた夜、山崎の部屋には若狭、櫻井、清家が集まっていた。皆で、一つのテーブルを囲むように円座している。

「みんな、お疲れさまでした。乾杯！」

山崎がビールの入ったグラスを掲げると、三人もまた同じようにグラスを持ち上げ、皆でカチンと鳴らした。

「久しぶりです、こんなに身体を動かしたの」

櫻井が足を抱え、ふくらはぎを揉むような仕草をしながら言った。

「本当に。もう、くたくたですよ」

清家もまた櫻井と同じように足を摩っている。若狭はそんな二人を見て、笑っていた。

山崎は注がれたビールを口に運ぶと、ふう、と小さく息を吐いた。そして昼間行った研修を思い出していた。

大自然の中、会社のことは忘れ、社内の上下関係など忘れる。そこにいるのはただの人間同士だ。一人欠けても、頂上は目指せない。皆で進むべき道を探り、同じように歩を進めることがこんなにも新鮮なものなのかと、誰しもが感じたはずだった。

明日のことを考えず、昨日までのことを忘れ、学生時代に戻ったかのような心持ちで、ただただ山頂を目指した。背負った荷物の重さに耐えながら、時には互いの手を取り、足場の悪さを補いながら、一歩一歩進んでいく。だからこそ余計に、山頂に辿り着いたときの達成感は言葉にならなかった。

皆で山頂から眺めた景色を思い出し、心地良い疲労を感じながら、山崎はまたビールを口に運んだ。

「今日の研修はとても有意義だったと思う。これですぐに皆と一つになったとは思わない。けど、一つになりたいと思ってる」

山崎の言葉は静かだったが、力強かった。いつもとは違う山崎の雰囲気に、櫻井と清家は姿勢を正し、真剣な眼差しで聞き入っていた。

「これから、山崎文栄堂を生まれ変わらせたい」

山崎文栄堂を変えていくには、山崎と若狭だけが変わっても仕方がなかった。皆が一丸とならない限り、変えていくことは出来ない。山崎が若狭を連れ出して屋久島で同志になったように、今度は、幹部である櫻井と清家を屋久島に連れてきたのだ。

「そのためには、チーム一丸となりたいんだ。だから遠慮なく、なんでも言ってほしい」

山崎の表情は穏やかだったが、決意が感じられた。

「今まで、辛かったことを言ってくれ」

櫻井と清家は驚いて山崎を見た。そんなことを言われるとは思っていなかったからだ。若狭は心配そうに幹部二人を見つめている。けれど山崎は大丈夫だと思っていた。

「僕たちは、もう、仲間なんだから」

そう言って山崎は、柔らかく笑った。

櫻井の目覚め

櫻井は若干の気後れを感じていた。突然、社長に山に連れて来られ、気が付いたら同じ部屋にいる。そして皆が円座になっているこの状況は、あまりにも非日常的だった。まして山崎や若狭と膝詰めで飲むなんて、滅多にあることではなかった。

けれど同時に、櫻井はモッチョム岳で見た山崎の姿を思い出していた。作り笑いなんかじゃない、心から笑っている姿を。あんな山崎を見るのは何年振りだっただろうか。忘れかけていた、もう何年も見たことのなかった笑顔だ。

「あの……」

櫻井は山崎を見た。山崎はその視線を優しく返す。

「なら、今日ははっきり言ってもいいですか」

櫻井は山崎の目を見つめたまま、口火を切った。

「早朝の、タクシーお迎え報告、あれ止めませんか」

山崎の自宅から渋谷のオフィスまでの通勤時間を活用して、タクシーの移動中、社員が社長に営業報告する逃げられない時間だ。いつも決まったタクシーの運転手さんにお願いしているので、狭い空間で社員が問い詰められ、いたたまれないような状況になれば、運転手さんが社員の心中を慮り急いで会社に向かってくれるほどだ。

エキサイティングしていくと「もういい、ここで降りろ」投げ捨てるように社員がおろされることもある。ロシアンルーレットのような、この順番がまわってくるのが怖い。でも誰も本音を言えなかったのだ。

「あのお迎え報告会の意味が、見出せません」

社員の負担になっているルールや制度は無くすべきだと、櫻井はずっと思ってはいた。だが、山崎に関わりたくない気持ちに負けて、「どうせ無理」と諦めていた。

しかし、モッチョム岳を一緒に登るうちに、山崎との壁、社長と社員という上下関係がなくなってきたことを感じていた。

『自分がない』内省内観ワークでのキーワードが再び現れる。しかし、

(自分を出していいんだ。山崎も、きっと、それを望んでいる)そう信じることができた櫻井は、思いきって、押し隠してきた本音を、話したのであった。

それを聞いた山崎は険しい顔つきのまま固まってしまっていた。櫻井は俯き､唇を噛んだ。

(やっぱり言わない方がよかった？　いや、今の社長なら受け止めてくれるはず。本当にそうかな？)

櫻井の中の天使と悪魔が交互にささやく。山崎が口を開いた。

「うん。わかった。本音を言ってくれてありがとう」

山崎の口から出たのは、同意の言葉だった。

安堵とともに心が晴れやかになる櫻井。そこに天使が現れ、微笑んだ。

（無くしていた自分を、やっと取り戻せたね）

そう言って微笑んでいるようだった。

「やっと、友ちゃんと、本音で話せるようになったんだね。う、うれしいなあ」

今にも、号泣しそうな山崎をみて、櫻井も泣きそうになった。

「なんですか、友ちゃんって。恥ずかしい！」

必死で照れ隠しをして、山崎の肩をポンポンと叩いた櫻井。あれほど高く分厚く感じた山崎との壁は、なくなっていた。

清家の気づき

清家は、山崎の表情が様々に変化していることに驚いていた。嬉しそうにはしゃいでいると思ったら、櫻井の話を聞いて真剣な表情になる。その後、優しそうにほほ笑んだかと思うと、今度は目を潤ませていた。

こんなに子供っぽい人だったっけ。

何かが変化していた。こうして皆で屋久島に来て、山を登り、夜にはテーブルを囲んで語り合う。こんな光景は、ここへ来るまで想像もしていなかった。

（社長は、私のことを仲間だと思ってくれていたのかもしれない。それを、私が勝手に社長と社員の関係に押し込めていたのかもしれない。確かに「結局は、山崎さんの会社だから」と、どこかで割り切った感覚があった……）

そう思った。でも今、この瞬間は、「会社を社長と一緒に、チームでつくっていけるんだ。つくっていっていいんだ」と感じた。

清家は、会社を良くしていこうという真摯な思いをぶつけられると思った。

「私は、早朝勉強会が、辛かったです」

早朝勉強会とは、毎週金曜日の朝七時半から八時半に行われる会議のことだ。会議室に机を並べ、最近起きたことを一方的に山崎が話していくものだった。

山崎が、清家に真剣な眼差しを向けていた。そして、彼女の口から出る次の言葉を待っていた。山崎のきちんと聞こうとしてくれているその姿に、胸を打たれた。その真っすぐな視線は、清家の胸に刺さった。

（社長は私を認めてくれている。あとは、私が素直に社長に本音をさらけ出すだけだ。私たちは本当に、一つのチームになれるのかもしれない）

「早朝勉強会をするのなら、就業時間内で打ち合わせをすべきだと思います」

清家は、思っているままを打ち明けた。

それを聞いた山崎は、少し肩を落として、ぐっと何かを考えているようであった。

（どれだけの感情や、想いが巡っているのだろう。社長は、私が不平を言っている間にも、会社を良くしていきたいという一心で、いろんな策を考えてきたのだろう。きっと、私の想像を超えたものがあったはず。そういう想いで始めた制度を止めろなんて、言ってよかったのだろうか……）

清家が後悔しかけたその時、山崎が口を開いた。

「早朝勉強会か。そうだよね」

山崎が小さく呟く姿を見て、清家は、胸が熱くなった。

「社長、すみません。でも、これは皆が辛い思いをしています。私もです。でも今ならわかってくださるのではないかと思って、あの……」

「うん、そうだね」

不安に駆られ、まくし立てるように一気に話すと、その不安を嗅ぎ取ったのか、山崎は落ち着かせるかのようにゆっくりと言葉を重ねた。清家はほとんど泣き出しそうな姿で、山崎に向き合っていた。

「分かってる。ありがとう」

山崎はそう言って、にっこりと笑った。

「社長……」

清家はそれ以上、言葉が出なかった。山崎の眼差しは優しくて温かい。そこに嘘はないのだと、なぜか確信出来た。それを信頼と呼ぶのだと気付いた瞬間はここでまた頑張れるのではないかと思った。この人の下で、この人と一緒に。

共に山の険しい道を登り、重い荷物を背負いながらただひたすら前に向かって進んでいくうちに、無意識に山崎の背中を追っていたことに気が付いた。山崎を信頼して付いて行っていたのだと、気が付いた。

ずっと、頑張らなければならないと思っていた。誰よりも努力して、誰よりも頑張らないといけないと。けれど今は違う。頑張りたいのだと、清家は強く思った。山崎文栄堂で、この人たちと一緒に頑張りたいと。

「美奈ちゃんも、一緒にこの会社を良くしていこう!」

そう話す山崎の笑みは、清家の不安、不満、不信、それらすべてを吹き飛ばすだけの頼もしさと、安心感があった。

「わーーっ。私も美奈ちゃんて呼ばれるの初めてです!」

思わず笑顔になる清家。

「僕は、登山中に、美奈ちゃんって呼んだぞ。そこはスルーかよっ」

若狭がツッコミをいれる。

山崎、若狭、櫻井と一つのチームになって会社を良くすること、その先に、私の幸せ、周りの人の幸せがある。人が人らしく豊かに生きる世界に貢献していきたい、そんな気持ちになる清家であった。

いつか言われた、恵子さんのこんな言葉が思い出された。

「頑張らなくては、努力しなければ、売り上げを作らなくては……、仕事とはこうでなければならない、という思い込みの世界を、みんなで作り上げ強化してきたんだよ、何年も時間を積み上げて……。その固まった価値信念に基づいて、苦労と忍耐を続けてきたんだよ。今はもうそのやり方が私たちを、幸せにしなくなったと気付いた時、新しいステージが始まる。そのシグナルのように希望が拡がる魂の声が響いているのかもしれないね……」

ワンチームになる四人

狭い一室で、四人が顔を合わせて本音を語る、この状況を見渡しながら、若狭は思わず胸が熱くなり、目頭を押さえた。そして、誰にも気付かれないようそっと、その手を下ろす。若狹は、信じられないという思いを抱くのと同時に、この時間は必然なのだとも思っていた。屋久島の夜は深くて、あまりにも静かだ。日常が嘘のようなこの空間で、心をさらけ出さないなんてほとんど無理だと、小さく笑った。

この場にいる人間の瞳は輝き始めていた。

若狹は以前、恵子さんの提案で、「せっかく屋久島まで来たんだから、皆で星空を見に行こうよ」と誘われ、連れだってホテルから街頭のない暗闇を探して歩いた事を思い出していた。暗くなればなるほど天の川銀河が屋久島の夜空一面に降り注ぐ。

同行した山崎は、携帯の星空観察アプリで、「あっこれがオリオン座です。あっ流れ星だ、凄いね。願い事だよ、早く言わなきゃ」と歓声をあげていた。

童心にかえったようにみんな無邪気になっていた。

ひとしきり遊んだあと、暗闇からホテルに帰る途中、ハッと気付いた。

一つ街灯が点くと、一つの空間の星が消える。

二つ街灯が点くとほとんどの星が消えていく。

明るいホテルの夜空には、星は消えていなくなっていた。

無理に明るくしようと思えば思うほど自然から遠ざかり、本当の世界が消えていくようだった……。

真実の世界は、私たちの心眼でこそひらくのかもしれない。

「もう真実を語ろう。自分に戻ろう」

若狭は思った。


「どうしたんですか」

清家が若狭の笑みに気付いたのか、こっそりと声をかけてくる。山崎と櫻井は、ビールを片手に昔話に花を添えていた。

「いや、なんかこんなのって、信じられないなって思ってな」

時折手を叩いて笑い合う山崎と櫻井を見つめながら、若狭は静かに言った。

「ほんと、嘘みたい」

そう言って笑う清家を見て、もう大丈夫だと、若狭は思った。若狭は、清家のグラスにそっとビールを注いだ。ふと清家の顔を見ると、涙目のまま何度も頷いていた。

「不思議だろ。屋久島にくると大きな変化が起こるんだ。これまで学んできたこと、積み重ねてきたことが、一気に噴き出してくる感覚かな。僕もお陰で、ワッカーサーを卒業できたんだ」

若狭も涙目になる。そんなとき、山崎が声をかけてきた。

「おーい。皆で、これからの山崎文栄堂を語ろう！」

「いいですね！」

若狭は笑顔になって答える。

山崎文栄堂を良くするためのアイデアを出し合う。山崎と若狭に降りてきた「幸せな社会を創り拡げる」を実現する会社に変えていくにはどうしたらよいのか、四人は夜通し語り合った。

満天の星が少しずつ姿を消し、真っ暗であった空が少しずつ色づきはじめた。

「今日でこの研修は終わりだね……」

山崎が急に悲しい顔をする。

「本当に思っていることを言ってくれて、ありがとう。皆の本音が聞けてうれしかった！」

今度は一転して、山崎は嬉しそうに叫んだ。若狭はその様子を見て、今度は笑いが込み上げてくるのを感じていた。コロコロと変わる山崎の表情につられて、自分の感情もコロコロと変わるのだと分かったら、とうとう笑いが堪えきれなくなってしまった。

突然笑い出した若狭につられるようにして、櫻井と清家も一瞬驚いたように顔を見合わせた後、ぷっと笑いを堪え切れず、ついには吹き出していた。

「す、すみません」

櫻井が笑いながら謝罪するも、そんな櫻井につられて、山崎も笑い出した。

「みんなごめんね。今までごめん！　でも、僕たちは仲間だから。なんでも言い合って、良い会社にしていこうよ。心を割ってチームになろうよ！」

屋久島のホテルで新たなる旅立ちの朝

山崎の心からの言葉に、皆が泣き笑いをする。これこそが、一つのチームになれた瞬間だと、若狭は思った。

ここへ来て良かった。

みんなと一緒に来られて良かった。

窓の外に広がる屋久

島の夜明けを見つめながら、若狭は思った。そして何より、自分よりも強くそう思っているだろう人物、山崎は、誰よりも楽しそうに笑っていた。

「僕たちはチームだ！　よっしゃ、がんばろう！　もう一度……」

そして山崎はグラスを高く掲げ、叫んだ。

「かんぱーい！」

〈仲村恵子の所見〉ステージ1、ステップ3

私の中では、「経営という冒険を楽しもう」は9つのステージがある。最初のステージ1の話をしよう。

ステージ1は3つのステップから構成される。『ステップ1、社長自身が変わる』『ステップ2、社長と幹部が魂の同志になる』『ステップ3、会社がワンチームになる』。

二〇一〇年頃山ちゃんは、ステップ1の自分の課題を解決していた。そのための約束は、合宿を含めて全ての研修に参加すること。

ステップ2、同志になるは、謙ちゃんと二人で学び達成できた。ビジョンクエストで、山ちゃん謙ちゃんの志を探求し明確にしていく。二人で「幸せな社会を創り拡げる」という志が明確になった。この方向性が明確にならなければ、ステップ3、チームを一つにまとめられないからだ。どの山に登るのか？　自分たちが行きたい先を明確にする。

そしてステップ3をクリアする為の、幹部と共に研修に参加した。

友ちゃん、美奈ちゃんの課題がクリアになり、志を共有することと、質の高い体験を共有することを通じて四人は、共通の言語を話せる仲間になった。

私から見た友ちゃんは平和主義者。自分の意見よりもまわりの事を考え行動できる調整役。美奈ちゃんは、個性的で忍耐強く行動できる人そして何より美しい。この二人が内省内観の統合ワーク後、素のままで立っていた姿が印象深い。仏の顔をしたキラキラ輝くワンダーウーマンみたいだ。女性は見かけよりずっと強い。この二人が山ちゃん、謙ちゃんをしっかり支えているのがわかる。普段はみせないけど二人がスッと立つ姿は相当な迫力だ。カッコいい。

この四人のパワーと出逢った時、このチームならできると確信をもてた。四人とも行動すると決めた事はやりぬく忍耐力、強さ、優しさを持ち、真面目で働き者、とっても信頼できる頼もしい存在なのだ。もう少し手元において鍛えようと思う。

ステージ1のクリアまでは主に私の仕事で研修に参加してもらうだけでも、コミュニケーション力はあがり仲間との関係性はドンドンよくなっていく。

どこにでも専門家はいる、私の主な役割は先見性をもって全体のブランディング、コミュニティ全体の価値を創造する為の戦略を立てる、考え方をシフトする脳のプログラミングである。そして日々困ることがないように常に数年先を見越して準備対応していく。

時の流れを見越して行動していくと今ここで困ることが、どんどんなくなっていく。

第4章　新生山崎文栄堂

勇気ある決断

「お疲れ様です。乾杯！」

屋久島モッチョム岳でのチームビルディング研修から一ヶ月ほどがたった金曜日、居酒屋に四人が集まっていた。

「この一ヶ月、めちゃくちゃ、充実していたね。皆もよくやってくれたよ」

山崎は、ビールを一気に飲み干した。とても良い気分であった。

屋久島のモッチョム岳に登った後、山崎と若狭、櫻井、清家の四人は、ホテルで夜通し山崎文栄堂の社員を幸せにするための案を話し合った。そして、廃止すべきとの結論が出た制度を、山崎は全て廃止した。タクシーお迎え報告、早朝勉強会、ボイスメール、罰金制度、そして歩数計の装着も……。


「だいぶ、社員の負荷も減っているみたいですよ」

櫻井と清家が声を揃えて言う。

「そうかあ。こんなに早く、社員が幸せになるとはなあ。友ちゃん、美奈ちゃんが、ちゃんとフォローしてくれているおかげだよ。ありがとう」

感謝がとまらない山崎。

「今日はおごりだから、遠慮なく、どんどん頼んでね」

上機嫌の山崎に、何でも言い合える仲になった若狭が苦言を呈する。

「わかっているとは思いますけど、これで社員が本当に幸せになると思ったら、大間違いですよ」

「えっ。そうなの？」

意外な表情で若狭の顔を覗き込む山崎。

「何が不満なんだい？」

「確かに、社員の負荷は減りました。これは素早い判断のおかげです」

そうでしょう、そうでしょう、と笑顔を浮かべる山崎。

「ですが、根本的な問題は解決していませんよね」

「えっ。まあねぇ……」

若狭の突っ込んだ質問に、思わず、山崎は言葉を濁した。言いたいことはわかっていた。

「そう。根本的な問題は、新規開拓に頼る今の経営スタイルだよ。それはわかっている。でも……」

「今日も、社員が困っていたじゃないですか」

若狭の言う通りであった。今日も何人かの社員が、山崎にデータを見せにきた。クレームをまとめたものだ。社員たちは深刻な表情を見せている。これまでの山崎文栄堂の営業スタイルは、一〇〇件の新規獲得をしたら、五〇件のクレームがあるといった状況だった。強引に契約を取っていたため、それが増えるのは当然のことだった。主な仕事がクレーム処理という日も少なくなかった。闇雲に行った新規開拓によって出た結果とも言える。

新規開拓で会社を成り立たせていることが、社員を疲弊させる一番の原因であることは、山崎も以前から気がついてはいた。

「それはそうなんだけど……。新規開拓をやめたら、さすがに売り上げがなぁ……」

渋る山崎。

「あの屋久島で誓った志経営は、その場限りだったんですか!」

若狭の声がどんどん大きくなる。

「……」

山崎が黙っていると、

「もう、戻りたくないんです!」

若狭が涙声で叫んだ。

「もう、営業先に疎まれて、社員からも嫌われ、社員と自分自身の心も体もボロボロにして、売り上げのために働く。そんな仕事には戻りたくないんです」

「私もです」

「私も」

櫻井と清家も続いた。

「そうだな。やはり、そこは突破しないといけない壁だな。大きな壁だが、避けて通るわけにはいかない……」

三人の熱意を受けて、山崎は体が熱くなるのを感じながら、答えた。

「分かった。皆で絶対にこの壁を乗り越えよう。でも、これは新しく生まれ変わろうとしている山崎文栄堂にとっての、最も大きな決断になる。だから、私が、まず恵子さんに会って話をしてくる。その後、皆で策を練ろう」

三人が、大きく頷く。

「よし。皆で壁を乗り越えて、『幸せな社会を創り拡げる』の実現にむけた志経営をはじめるぞ」

山崎が満面の笑みを浮かべた。

全てを見通す仲村恵子

「こんにちは。恵子さん、いらっしゃいますか？」

新規開拓をやめる決意をした山崎は、次の日の午後、経営者勉強会のオフィスを訪れていた。

「こんにちは、山ちゃん。どんどん良いチームになってきてるみたいだね」

恵子さんが現れた。

「そうなんです、本当にありがとうございます。山を登るだけで、あんなに皆変わるなんて、毎回、驚かされますよ」

「山ちゃん、それは、事前にしっかりとここの研修会に毎月二日来て学んでくれているからだよ。ただ山を登っただけで、効果が出る訳ではないからね。で、今日は、何できたの？」

重要な要件があることを感じたのであろう。恵子さんはすぐに本題に入ってきた。

「はい。志経営に本格的に舵を切ろうと、謙ちゃんたちとそういう話になりまして」

話を切り出す山崎。

「なんとか、新規開拓に頼る今のスタイルを打破したいんです。この壁を乗り越えたいんです」

「やったじゃん！」

恵子さんが笑顔になる。


山崎文栄堂は、オフィス通販の営業会社だ。さて皆様のところに商品を買って欲しいと新規開拓に営業マンが来られたら嬉しいだろうか？　時間をとりたいだろうか？　営業マンにまた逢いたいと思うだろうか？

答えなんて聞かなくてもわかっている「NO」だ。欲しければネットで買うか、こちらから連絡すればいい。

時代の変化を止める事はできない、そもそも営業したくても出来ない新時代が来る事を想像してほしい。多くの会社が、ロックがかかった壁のようなドアで外部の人間を遮断している。上手く入ったとしても待っているのは受付窓口の電話だ。明確なアポイントと担当者がいなければ門前払い。さらに二〇二〇年以降、リモートワークでオフィスに人が居なくなる。

新規開拓の飛び込み営業が出来なくなる。

そこで皆がリアルをあきらめて、ドンドンネットの中でビジネスをはじめようと動き出す。なんて便利な世の中になったんだろう。もはや誰もがバーチャルな世界にのめりこむ。一クリックで商品が買える空間から逃れられない。

「便利だね」「助かるね」、無料でいろんな情報も見放題だ。家にいながら皆、四角い画面と何時間も向き合い、会話し、仕事し、映画をみて、画面越しに体を動かし、料理を作り、バーチャルな旅行を楽しみ、行ったつもりで旅行先の名産を注文する。

近所のデパートと戦って来た商店街が、世界と価格競争する時代だ。ネットの世界に溢れる品揃えの中から何を選ぶ、何を買う？　何を基準に選択する？

飛び込み営業で昭和から平成へと販路を拡げた山崎文栄堂は、今までのやり方では戦えない。新時代の活路は「営業に出向くから、お客様に選ばれる」だ。行けないなら来てもらえる価値を創造すればいい。一気に流れを反転することしかないと思う。

急変する新時代に、営業会社の山崎文栄堂が、営業を停止し新規開拓をゼロにしてでも売り上げが伸び続ける。そんな結果が出せれば、どんな試練がこようとも選ばれる企業になる。

新時代に幸せに成功すれば、その姿は必ず興味のある人には希望になると信じる。今から対応すれば間に合う。必ず勝てる。

ワールドユーアカデミーのドアをノックする人は、ハッキリ言って本当に優しいし真面目な努力家がほとんどだ。出逢えて良かったと感謝しかない素敵な人たちが、ワールドユーを発見し全国から集まってくる。

しかし、いつも思う。本当にこんな思いやりある人たちが、何でこんなに努力しても、バランスよく報われないのだろうか？　寂しい思いをしているんだろうか？

「もうこのままのやり方はやめたい」と魂の声が聞こえた時どうすればいいのだろう？「どうしようもない」と、過去の常識から心の声を押し込めてあきらめるか？　いろいろ対策を考えてやってみるか？

確かに何でもやってみるのは良いのだけれど、沈みゆくタイタニック号の中で、引っ越しをしても仕方がない。対症療法では少し緩和されてもまた悪化していくだろう。

私はこのチームの現状をみて「山崎文栄堂は志経営に本気で取り組めば十年で、新時代に繁栄する凄い会社になる」と確信した。

時代が大きく変わる時に大切なのは、今までの考え方を手放して、というより破壊して、全く新しい考え、言い換えれば「今の自分ではおかしい、非常識、わからない」と思うような新しい考え方にシフトし行動できるかどうかだ。

やっぱりこの時には自分とは次元の違う、メンター（考え方）との出逢いが必要だと思う。私は以前に大病をしたことがある、余命三ヶ月。そこではじめて死と向き合う事になり、やはり真剣に人生について考えたし、世界中からメンターを探した。そこで出逢った先生方のおかげさまで大きく人生を変えることになった。その時はわからなくても素直になれた。本気で真理を求めた時に出逢えるのかもしれない。

もし今までの方法でもなんとかなれば、自分の心に小さな嘘をついてもまだ走れるだろう。しかしついに心底もういやだ！　ほとほと困った！　と思う日が来たら、執着を手放し飛躍するチャンスかもしれない。どんなすごい車でもブレーキを踏みながらアクセルを踏み続ければ壊れてしまう。

壊れるなら壊してしまえ、自分の意識の制限を！

どうせ無理なら聴いてみろ、魂の声を！

仕事に誇りを持ちたい、どこまでも透き通るお天道様のように、美しくきらきら晴れ晴れとした気持ちで日々を送りたい。今こそ、過去いくら上手く行った方法があったとしても、違うと思ったら変える勇気が必要だ。それも破壊的に手放そう。新しい世界を創造しながら。

私の中ではもうすでに戦略を決めていた。山崎文栄堂を次元上昇してオフィス通販全体で完全に一人勝ちする方法を。なぜ一人勝ちかというと、ほとんどの人は、単純すぎて信じられなく、本気で真似しようとは思わないからだ。

私がこれから、やろうとすることは今までと真逆で、楽しく成功してしまう作戦だから。「努力と忍耐で成功しよう」は理解してもらえるが、「楽しく仲間と成功しよう」は理解してもらえないから不思議だ。愛や楽しさ感謝などと言ったら、すぐにへんな宗教に入ったと訝しげにみられ、素晴らしい本物の宗教家の皆様に申し訳ないと思う。

私は商売人で、皆で楽しく助け合ってお金を循環させるだけなのだから、そんな凄い話をするわけではない。当たり前の話をしたいだけなのだ。でもみんな出来ないという。楽しく、元気に、ドンドン仲間を創って成功する方法なんて。

十年後の二〇二一年、山崎文栄堂が大成功した姿をみたら、人はこう言うかもしれない、「凄いなぁ自分にはとても出来ない」。なぜなら、もうその頃の山崎文栄堂は、現在とは完全に違う次元にいるだろうから。そして新しい仲間ができていく、そんな仲間たちと語りあうだろう。笑顔で「経営という冒険をもっと楽しもう！」と。

その為の行動は、過去の常識では理解が出来ない。山崎文栄堂のチームには、まだわからなくても挑戦してもらう事になる。

まずは、営業会社が営業をやめること。新規開拓の停止。

さて山ちゃんと謙ちゃんはどうする？

予測は、きっとやるだろう！　なぜならもう他に選択肢はない。

完璧な八方塞がり、ついに天に向かって上昇する時がきたのだから。


恵子さんの顔がほころんだ。

「ついに、そのステージまで来たのね。嬉しいわ」

「ありがとうございます。では、どうしたら良いのか、教えてください」

ほっとした山崎は、素直に教えを請うた。

「教えるも何も。もう山ちゃんは答えを持っているよ。謙ちゃんたちと、もう一度しっかり
と話してみたら？」

（えっ？　よくわからない）

そんな山崎の気持ちを見透かしたように、恵子さんは言った。

「ヒントは、志経営よ。新規開拓をやめ、お役立ちつまり喜ばれるチームになる」

「……わ、わかりました。皆で考えてみます」

皆で壁を乗り越える

(恵子さんは喜んでくれた。新規開拓をやめるという会社の方向性が正しいことも確認できた。それはよかったが……)

経営者勉強会のオフィスビルを出た山崎は、山崎文栄堂へと向かっていた。空は、雲もなく晴れ渡っている。

「寒い……」

そんな空から、想像できない冷たい北風が山崎に吹きつけた。山崎は思わず両腕をさすりながら背をかがめた。

(山崎文栄堂の未来は、きっとこの空のように晴れ渡っているに違いない。あとは、この冷たい北風をなんとかすればいいんだ。この風を、皆と一緒に、暖かく爽やかな風に変えていくぞ)

そんなことを思いながら、山崎は、会社に戻った。そして、若狭、櫻井、清家が営業から戻ってくるのを待って、会議室に呼び出した。「今日は寒かったなあ」などと言いながら集まった。

「恵子さんから、褒められたよ」

山崎が切り出す。

「おーっ」

一斉に拍手をする。間髪を入れずに清家が質問する。

「で、恵子さんは、何をしたらよいと言っていましたか？」

「それがね……。答えを、私は、すでに、分かっているらしいんだ。でも」

珍しく、躊躇しながら話す山崎。

「でも？」

三人が声を揃える。

「でも、どうしたらいいか、正直分からないんだよ。色々と考えたんだけど……」

山崎は意見を求めた。確かにそうだという表情をみせる三人。櫻井が口を開く。

「そうですよねぇ。他に、恵子さんは、何か言われてませんでしたか？」

「恵子さんからのヒントは、『志経営』だ」

この言葉に、若狭が反応した。

「なるほど。では志経営『幸せな社会を創り拡げる』で浮かぶことを、とにかく挙げてみませんか？」

若狭の提案に皆が頷く。皆が感じたことを話し始めた。

「私は、お客様の喜ぶ顔が見たいです」

「社員たちにとって、働くことが楽しいって思ってほしいんです」

「まずは、今ある顧客を大切にすることが大事なのでは」

会議室からは、四人の熱い声が溢れた。

「売り上げって、一体何なんでしょうか」

「絶対に必要なものでしょ」

「そうかな。ある程度は、もちろん必要だけど、売り上げが増えたからって、クレームが増えたら、結局その対応に経費がかかるから、意味ないよな」

「私たち、もしかして、クレーム対応するための費用を稼いでいたってことになるのですか？それはショックですよ」

「それは言い過ぎかもしれないけど、当たっているかもしれない。売り上げを伸ばすその先に、終わりはない。確実にないよ」

「そうなんです。終わりがないんですよね……」

「そうか。ただ売り上げという数字を追い求めること。そこには意味もないし、幸せもないのかもしれないな。じゃあ、どこに幸せはあるんだろう」

「……」

今度は一転して、皆が黙った。腕を組んだり、髪の毛を触ったり、額に手を当てたり、皆が思い思いの姿勢で考え込む。そして、若狭が言葉を発した。

「やっぱり、お客様に喜んでもらうこと、それが私にとっての幸せです」

「僕もそうだ。お客様も、きっとその方が幸せなんじゃないかな」

すぐに反応する山崎
(そうか。そうだったのか。今までは、目の前の売り上げという数字を、必死でなんとか守ろうとしていた。闇雲にお客様を探してはアポを取り、起きたクレームを処理する。そうやって、なんとか日々を乗り越えてきた。でも違った)

「これからは、既存のお客様の役に立つことを考えていこう！」

山崎が言った。

「貢献ですね」

若狭が続く。

「すごい」

「志経営にぴったり合います」

櫻井も清家も興奮の表情を見せる。

「幸せな社会を創り拡げる」ため、既存のお客様に貢献する。そして、すべての元凶であった新規開拓営業を廃止する。事実上、成果主義からの完全な脱却、志経営への転換を山崎たちは決意したのであった。

山崎文栄堂の進むべき道が見えた。四人は笑顔でオフィスを出た。時刻は午前三時になろうとしていた。

晴れ渡り、星がいつもより多く見える空。その空を見上げながらタクシーが到着するのを待つ四人。

皆、会社の未来を想像し、とても興奮していた。

「風が気持ちいいね。あんなに寒く感じたのに」

若狭が笑顔で話す。

「本当ですね。ちょうどいい冷たさですよね」

「白熱しましたもんね」

櫻井、清家も笑顔だ。

「我々の、この熱意があれば、何だって怖くないよね。今日は、本当にありがとう！」

満面の笑顔で話す山崎であった。

第5章　新規開拓をやめる

お役立ちの会社になる

「新規開拓営業は、もうやりません」

次の日の朝、山崎は若狭と一緒にオフィスに入ってくるなり、皆の前で宣言した。

社内が一斉にざわめいた。山崎はそんな社員たちの反応を感じながら、ゆっくりと周囲を見渡した。

「え？　どういうこと？」

「会社どうなっちゃうの？」

「なにかの冗談じゃない？　また私たちを驚かそうとして」

社員たちは、山崎の突然の発言に耳を疑っているようであった。この雰囲気を感じて、山崎は、ゆっくりと言った。

「これは、冗談なんかじゃない。新規開拓営業を止めるんだ」

「社長！　営業止めるって……、これからどうやっていくんですか」

社員たちの間に動揺が広がった。新規顧客数を増やして業績を伸ばしていた会社が営業を止めるというのは、仕事を放棄する、売り上げの全てを捨てるのと同じことだと、社員たちは考えているのだろう。

（社長は、この会社を潰すつもりなのか）

そんな社員の心の声が漏れてくる中で、山崎が言った。

「これからは、お役立ちの会社になるんだよ」

強い決意でそう言った。社員たちの混乱がピークに達する。

「お役立ちの会社になる……？」

社員たちは今まで、一日のほとんどを新規開拓の営業時間に費やしてきた。この方針変更は、働き方が九〇度、いや一八〇度変わるといっても過言でない。社員たちにとって全く想像出来ないのも、当然のことだった。

「今まで新規開拓に使っていた時間を、今のお客様への『お役立ち』に使うようにシフトする。お客様が何を望んでいるのか、そのことにフォーカスをして貢献していくんだ」

若狭が、山崎の言葉を追うように言った。ポカンとした表情の社員たちに、山崎がさらに続けた。

「つまりこれからは、既存のお客様の役に立つことを中心にするんだ。それによって、山崎文栄堂の経営ビジョン『幸せな社会を創り拡げる』に繋げていこう！　大丈夫。きっと良い方向に変わっていくから」

山崎はそう言って、社員たちに笑顔を見せた。


それから、山崎は、山崎文栄堂の業務内容をがらりと変えた。

『お役立ち』で大切にしたのは、長期的に続いている既存の顧客との関係性だ。何か困ったら思い出してもらう存在になること。そのためには「山崎文栄堂に聞いたらなんとかしてくれるかもしれない」といった、絶対的な信頼感を得ることを目標とした。

これまで、はっきりとした数字で示された売り上げ目標とは、大きく異なる目標である。これには多くの社員が戸惑いを隠せない様子であった。山崎には社員たちを混乱させて申し訳ないという気持ちはあったが、なんとしてもこの壁を乗り越え、会社を生まれ変わらせるという強い想いで突き進んだ。

（私一人だけであったなら、会社を変えるのは、きっと無理だろう。でも今は違う。絶対に

できる。皆がワンチームとなった幸せな会社に転換できるはずだ）

若狹、櫻井、清家にも、山崎と同じ強い想いがあったのであろう。今回の方針転換についていけない社員にも、現場に近い櫻井や清家が、親身に相談に乗っていた。若狹は、櫻井と清家をフォローしていた。山崎も、より一層積極的に社員とコミュニケーションを取ることにした。

こうして少しずつであるが、社員たちの考えや振舞いも変わっていった。

「本契約してくれた顧客と、もっとコミュニケーションを取りたい。そして、役に立って、感謝の気持ちを示したい」

そんなことを話す社員も増えてきた。

こうして、あれだけ殺伐としていた社長や幹部、社員たちが、今は笑顔で、笑い声を響かせながら話し合いをしている。

社員たちはいつしか、自分たちが笑って話していたということに気付いていく。今、笑ってたよね、と。前は逸らしていた目線を、今は必ず合わせていることに気が付いていく。目を合わせ、笑い合い、そして頷いていることに、気が付いていった。

そして必然的に、山崎文栄堂は、笑い声の絶えない温かなオフィスへと変わっていった。

外は冬の寒さが厳しかったが、皆が笑い合い、皆が同じ方向を向き出した山崎文栄堂には、そんな寒さを吹き飛ばすくらいの元気があった。そもそも誰も寒さを感じないくらいに。

幸せな社会を創り始める山崎文栄堂

そんな頃、東京で雪が降った。首都圏は雪に弱い。ある学習塾のお客様から一本の電話が入った。

「このままでは明日の朝、道路が凍結して生徒が転んでしまうかもしれない。今のうちにスコップで雪をかきたいのだが、どこも売り切れていて手に入らない。どうにかならないか」

電話を受けた社員が調べると、提携しているオフィス通販サイトには在庫がなく、他の通販サイトで購入しても明朝には間に合わないことが判明した。そこで社員は、自分の足で量販店を回り、どうにか売れ残っていたスコップを見つけ、購入した。先方にそのスコップを届けにいくと、「ここまでしてくれるなんて」と大変喜んでもらうことができた。

これをきっかけに、そのお客様とは関係性が深まり、グループ会社の紹介やオフィス家具の注文などを任せてもらえるようになった。

このような積み重ねが知られるようになり、既存の顧客からの紹介を生み、ＷＥＢサイトからも問合せが入ってくるようになっていった。お客様を探して見つける営業から、お客様に見つけてもらう営業になったのだ。

すべて相手の気持ちに立って仕事をすること。お客様の気持ちに寄り添い、お客様のために仕事をする。皆の幸せのために。社員たちは、顧客に喜んでいただくことに重きを置くようになった。

今までは、自分に課された売り上げを追いかける事で精一杯だった。ちらっと横目で困っている社員やお客様のことは気づいていても、人に寄り添うとは具体的にどのように考え行動すればいいのかわからなかった。

ある日、思い立ったように恵子さんから電話がかかってきた。

「ねぇ謙ちゃん、最近のクレーム件数を教えてくれない？」と……。

若狭は思案した。言われてみれば、最近のオフィスでは、鳴り響く電話と申し訳ございませんの声が聞こえなかった。そう言えば、部下からの謝罪報告もない。

「友ちゃ〜ん、今月のクレーム件数何件だっけ？」

櫻井に問うと
「あれっ……ゼロです。今月のクレームというか、ここ数ヶ月ほとんどないです」

少し驚いたような声が返ってきた。

徐々にクレームの電話が減っていたので、誰も気にもとめていなかったのだ。恵子さんは、そんなタイミングでみんなに気付かせるように電話をかけてきてくれたのだ。

みんな驚いていた。無理な新規開拓を停止し、お役立ちにシフトして、コツコツお客様に喜ばれるを徹底してきたから、ついに当たり前の常識が変わっていった。

日々変わらないような小さな一歩をコツコツ歩み続けるから、大きな変化に気づかない。だから時折振り返って、登ってきた標高の確認は大事だった。

見える景色が変わっていくと自信になった。

これまで費やしていたクレーム対応の時間が必要なくなったので、その時間を山崎は、社員の『教育』に充てた。

また、顧客との面談で話す内容も、教育し直した。商品やサービスの話はせず、お客様との信頼関係作りに重点を置くように促した。お客様の話を聞いた後で、その課題に対して自社がどう取り組み、どう解決してきたかということを伝えるのだ。「また聞きたい、また会いたい」と思ってもらうことを、何より大切にする。そして、お客様の話を受けた後、それらをどう反映出来るかといった学びを重要視するようにした。

こうした変化を目の当たりにした社員たちは皆、思っていた。今、山崎文栄堂は社員一丸となって社内改革を行っている。まさにその真っただ中にいるのだと。

「幸せな社会を創り拡げる」

これは決して夢なんかじゃない。今の山崎文栄堂なら、今の山崎となら、それが出来るのではないか、と。

山崎をはじめ、若狭、櫻井、清家、そしてその他の社員たちは皆が同じ方向を向き始めていた。同じ方向を向いているだけで、こんなにも風通しが良くなるのか。こんなにもわくわくするものなのかと、山崎は感動していた。

(新しい時代を生きていくのだ。皆と一緒に)

こうして山崎文栄堂は、生まれ変わり始めた。

しかし、まだまだ苦難の道が待っていた。大事件が勃発する。二〇一六年冬、商品取込詐欺事件が起きたのだ。まるで、幹部と仲間になった山崎文栄堂の真価を問うように。

山崎たちは、この大事件を乗り越え、幸せな社会を創り拡げられるのだろうか。

〈仲村恵子の所見〉

「経営という冒険を楽しもう」の船が出航したら、もう覚悟して進むしかない。そしてこの冒険を成功させるにふさわしいリーダーやチームになる為に、何回か試練がくる。あらゆるヒーローがそうであったように。

この神様が下さる試練は、本当にフェアに行われるように感じる。

あなたが「世の為、人の為貢献したい」と願うなら、「本当に？」って神様が試してくれる。

それに受かったら、今までの自分では想像出来ないような世界が拡がっていくのだ。

第6章　神様の試練

山崎文栄堂始まって以来の大事件、商品取込詐欺

（まさか）

頭の中が空白になる。

（いや、何かの間違いかもしれない）

櫻井は震える指先を必死で抑えながら、マウスを操作した。

「支払いが行われていません！」

どこからか、叫ぶ社員がいる。

「支払いがない？」

声が交差するように、悲鳴に似た叫び声が響いていた。

「全部でいくらだ！」

「確認します……」

悲鳴が一瞬にして止み、突如オフィスが静寂に包まれた。しんとした、冷たいほどの静寂だった。

「……一億二〇〇〇万です」

どこからか、ひゅっと息を呑む声がした。

やられた。

「一億二〇〇〇……」

やられたんだ。

櫻井は手にしていたマウスがすでに床に落ちていることにも気付かず、パソコン画面を見つめていた。そこには無常にも、入金金額が無かったことを表す『〇《ゼロ》』という数字が表示されていた。

生まれ変わった山崎文栄堂は、社長や幹部、社員などの垣根を越えて一丸となり、一つのチームを作る。皆が同じ方向を向き、幸せな社会を創るために歩み出していた。その矢先だった。

商品取込詐欺事件が起きたのだ。

代金は後払いで商品を注文し、商品を受け取るも、その代金を支払わない商品取込詐欺。コピー機のトナーを大量買いしていた会社から、支払いがされていない事態が発生した。負債は、一億二〇〇〇万円。この詐欺事件は、櫻井のチームが担当していた契約会社だった。

一億二〇〇〇万円の儲けを出すためには、この商売は粗利の低いビジネスのため、数十億円の売り上げがなくなったのも同じだった。

「ここ……潰れるんじゃないですか……」

誰かが小さく呟いたような気がした。けれど実際には、口を開いている者など誰もいなかった。

(大丈夫なのか……。これからどうなるんだろう……)

皆の心の中の声が聞こえてくる気がした。重い空気と共に、眩暈に似た絶望感が櫻井を襲った。

山崎文栄堂が潰れる……。

櫻井は、膝から崩れ落ちた。

「どうしましょう……」

不安そうな社員たちが、櫻井を見つめていた。

大丈夫。なんとかなるよ。

そう声を掛けたいのに、言葉が出なかった。大丈夫だなんて安易な言葉を、軽々しく言える事態ではなかった。

「弁護士に連絡して！」

櫻井は声を振り絞り、最後の望みにかけた。


弁護士に相談し、取引先の会社に急いで向かうも、そこはすでに、もぬけの殻だった。もはや夜逃げ同然だった。それはつまり、計画的な詐欺事件であった。

櫻井はこの瞬間まで、自分が騙されたということを、認めたくなかった。けれど目の前に広がる、何もない、ただの空虚な空間を目にして、認めざるを得なかった。

騙されたのだと。

(辞めよう。辞めるしかない)

責任感の強い櫻井は、責任を取って退職する道を考えた。それ以外、考えられなかった。


翌朝、櫻井は幹部たちを集合させた。けれど、山崎の姿はまだなかった。

寒さも深まりつつあった十二月、集まったオフィスは創業地に立つ古いビルで、空調も悪く、隙間風も入ってくるような部屋だった。

けれど櫻井に、寒いといった感覚はなかった。起こってしまった事の大きさを実感し、全身が麻痺しているような感覚に陥っていた。頭の芯が、ずっと痺れているようだった。

若狭と清家は一様に黙っていて、何かに耐えているようだった。櫻井を気遣い、何か声を掛けたくとも何を言っていいのかわからない、そんな空気だった。

（山崎に、どんな顔をして会えばいいのか。せっかく幹部が仲間になって、この会社を生まれ変わらせようとしていたのに……）

櫻井は、今すぐここから逃げ出してしまいたい気持ちと、消えてしまいたい衝動に駆られ、全身が震えてくるのが分かった。

カチャリ。

ドアノブが動く音がした。櫻井は反射的に俯き、痛みを堪えるかのようにきつく目を瞑っていた。

「みんなお疲れさま。ジュース買ってきたよ」

山崎が、部屋に入ってくるなり、ジュースの入ったビニール袋を掲げた。

その声は普段通りに聞こえたが、櫻井にはわかっていた。先頭に立つ山崎が狼狽しては、一同をさらに不安にさせるだけだと、山崎ならではの気配りだった。しかし、もちろん山崎が一番の困惑の中にいる事は理解できた。

（合わせる顔がない）

櫻井は唇をきゅっと結び、全身を硬直させていた。

そうして全員が揃ったところで、櫻井は改めて、商品取込詐欺の詳細を報告した。大きく息を吸い、全身の震えを誤魔化すようにしながら、なんとか声を絞り出す。

「負債額は、一億二〇〇〇万円です」

その額が、会社にとってどれだけの損害なのか。皆分かっていた。分かり過ぎていた。とてもじゃないが中小企業で負う額ではない。それがどういうことに繋がるのか……。

今まで堪えていた清家が、その場で泣き崩れた。若狹は、ここが、山崎文栄堂が無くなってしまうかもしれないという恐怖に、震えた。

「申し訳ございませんでした！」

櫻井は、責任の重さと事の重大さに、もはや耐えられる状態ではなかった。感じたことのない恐怖に襲われ、震える足は櫻井を支えることすら出来ていない。両手を机に着け、ただただ流れ落ちる涙の行方を、目で追うことしか出来なかった。

怖かった。この事件によって皆の生活や、ひとりひとりの人生にまで影響が出てしまうのかもしれない。そう思ったら、怖くて堪らなかった……。

〔仲村恵子の所見〕それはよかった！　おめでとう

「恵子さん大事な相談があるんですけど、お時間いいですか？」

山ちゃんからの電話だった。いつもの優しくはじける感じではなく、少し重みのある覚悟を決めた、という感じを受けた。これは相談ではなく報告だなぁ～、と思いながら、

「いいですよ。研修が終わった頃に来てね」

あえて明るく話した。

夕方、もう周りが薄く暗くなった頃、山ちゃんと謙ちゃんがポツンと静かにオフィスに現れた。いつもだと山ちゃんと謙ちゃんのエネルギーがにぎやかで、エレベーターを降りた時から笑い声が響いて、アッ来たぞ！　と気配でわかるが、今日は心底静かだ。

顔を見た時、謙ちゃんの目はもうすでに、泣き腫らした後のようで真っ赤で、二人ともよく眠っていなかったのか目の下はクマが出来て憔悴していた。

「恵子さんご相談があるのですが……」

沈黙がもどかしいように山ちゃんが話しだした。

「山崎文栄堂は一億二〇〇〇万円の取り込み詐欺にあいました。これから経営を立て直す為

に、あらゆる努力をしていかなければなりません。当然自分たち役員の給料も減額し、社員にもお願いしなければならない状況です。それから……」

事の顚末を、長々と話し出しそうな山ちゃんの言葉を遮り、私はつい本音が出てしまった。

「わぁ凄い、それは良かったね」

目の前の二人が目を丸くしている。

「良かったってどういうことですか、倒産すらしかねない危機なんですよ」

山崎の言葉に加えて真剣な眼差しの謙ちゃんが続ける。

「私は悔しいです。今までコツコツ頑張って来たのに……」

にじむ涙をこらえている。そうとうな責任を感じているようだ。やっぱりいい男だなぁ〜、しっかり皆の事を考えている。

謙ちゃんも山ちゃんも、いざという時にもの凄いパワーを出す男だ。

特に山ちゃんは数字の天才だし、経営者としていかに数字を立て直すか、銀行との信頼関係を構築するのか、できる事はなにか、すごいスピードで対応していくだろう。緊張感とともに対応策に奔走する構えだ。もはや落ち込んでる余裕はないという表情だ。

(さっすが叩き上げの経営者、経営幹部はちがうなぁ)

いざというときに、チームの実力が出る。さすが山ちゃん、さすが謙ちゃん、戦ってきた男たちやっぱり凄い。期待が溢れていく。

「ごめん、ごめん。良かったねは、つい本音が出ちゃった。それはね……」

二人に向かって話し始めた。


人生最高の素晴らしい事は、いくつかあるだろうけど、神様がくれる試練は最高のギフトなのだ。こんな時に、誰とどのように正しく行動するかの判断力こそが叡智で、もの凄くチームは鍛えられ次元上昇する。

今回の試練が最高のチャンスになると思う。

いまこそ皆をまとめあげよう。私の中でも作戦がドンドン湧いて来る。

しっかり見ていて下さい神様、「おかげさまでありがとう！」って言える感謝のV字回復、最高のヒーローズの物語が始まります。

ヒーローって最初からかっこいいわけではなく、凄い試練があって、そこに感謝して挑戦したときに凄い高次元に上昇する。

私自身も色々あったけど、最近はとんでもないことがあっても、「よっしゃ神様、見てて下さい。絶対マルを貰えるように挑戦します」と、ありがたく思えるようになった。昔は不安になったり、どうしようかと悩んだ時もあったけど、試練は定期的にやってくるのだから、最近は感謝とやる気しか出て来ない。

例えばゲームで次のステージに行こうとすると、必ずなにか新しい事に挑戦しなければならなかったり、邪魔するボスキャラとか出てくるようなものだ。そう思えばいちいち落ち込む必要もないのだから。

そして試練があるから本当に考えられるし、学べるし、行動できるし、出逢う人が変わってくるから本当にありがたい。

でもこの大きな試練って、小さい試練をコツコツこえて、それでもより大きな志に向かって挑戦しようとしたときに、神様がこのチームに、凄い力をギフトしていいかどうか試してくれるみたいだ。「大丈夫？　本当に約束守れる？」って、まるでスター選抜オーディションにノミネートされたように来る。

しかも面白いのは、「これがチャンスです」って顔をしていないから面白い。神様はちょっと一工夫するひっかけ問題が好きなのかもしれない。

「それにしても選ばれたんですね！　凄いね！　良かったね！」と、この課題を乗り越えた先の未来から振り返って私はニコニコ話してしまった。

もう少しわかりやすくいうと、経営者が凄い仕事に誰を抜擢しようかと考えた時、課題を与えてそのプロセスと結果がマルなら、仕事を任せたりするそんな感じ。

そして私が「良かったね」と言ったのは、一年後、彼らはワンチームになり、過去最高の奇跡を起こし、銀行をはじめ関係各社に信頼されV字回復をしてしまう成功物語を、リアルに色鮮やかに見てしまっていたからだった。

あとはやるだけ、よし作戦会議だ。効果的な作戦さえあれば元気に戦える。

まず最初にすることは誰も責めない事。

失敗しようなんて願う人は誰もいない。次に同じようなことがないように学び対応するのはいいけれど、誰かを責めるようなことをして皆のやる気をなくさない事。

それに社員はいざという時ほど、経営者の器、つまり度量を見ている。小さくならず大きな心で対応する姿勢が一番大事だ。常日頃から「すべての責任は社長がとる」なんて言いながら、「誰の責任だ⁉」と問い詰める人がいる。そんな魅力のない言葉を聞くと、本当にがっかりしてしまう。

皆に「さすがすごいな、この社長のもとで働かせてもらって良かった」って言ってもらえるチャンスなんだから。どうしようもない事は追求しない、素早く切り替える。終わった事は終わった事としてさぁ今からできる事を考えよう。

その為にも健康第一。食事や睡眠、当たり前の事は大切にしながらスッキリした気持ちで戦おう。試練の時、経営者の第一声が明暗をわける。

次に大事なことは、志経営をスタートしたばかりだからこそ、この志と行動を繋げることが大事。

でもいざというとき実行するのは難しい。忙しい日々に追われれば余計に、今まで通りの行動になりがちだ。緊急事態だからこそ、「幸せを創り拡げる」の志と、行動を合わせるチャンスだと思う。

今まで通りの仕事のやり方では、とても試練に対応できないので、みんな社長の声を聴く準備ができている。

以前の山崎文栄堂なら、まず山ちゃんが不安になり、謙ちゃんが責任をとろうと売り上げを取り戻す事に必死になり、損害を出してしまったチームは迷惑をかけた申し訳なさと、もし皆が減給や過重労働になれば、いたたまれず退職を考えるだろう。

志と行動が分離してしまう。そうなればやっぱり志は掲げているだけだと、チームの信頼を失ってしまう。この局面で志と首尾一貫する行動であれば皆安心して、本当に志経営をやるんだと信じて智恵を出し合い助け合うだろう。

志を具体的な行動に落とし込もう。

山ちゃんはお金に強く行動力があるから銀行や、税務署などの対応策を考え計画し凄い事を、見事にやってくれるだろう。過去倒産まで残り数時間のところから、銀行を走りまわって融資に成功したという不動の実績がある。山ちゃんに任せておけば絶対に大丈夫。必ず何とかしてくれる。

不思議な話だが、山ちゃんが倒産寸前の会社を引継ぎ、そこから奇跡の回復をした実績は、この局面につながっているような気がする。当時は銀行と対峙するのは、相当大変だったと思う。しかし今は激戦を戦い抜き、強くなったし智慧もあるお金の天才だ。どんな難問ものり越える底力がある。

おめでとう山崎文栄堂、さあチャンスだよ。

覚悟を決める山崎

それから三日が経ち、山崎が全社員を集めた。社員は皆、不安そうに山崎を見つめている。櫻井は立っているのがやっとであったが、項垂れることなく、気丈に振舞いながら山崎の横に立っていた。

「すでに知っている者もいると思うが、今回、一億二〇〇〇万円の詐欺に遭った」

山崎の口から出た数字はあまりに大きく、すでに知っていた社員でさえも息を呑んだ。その衝撃的な事実に恐怖を感じ、反射的に両腕を抱え込む者もいる。そしてどこかから、すすり泣く声が聞こえてきた。

「その責任は、誰にもない」

山崎は突然、言った。

「えっ？」

櫻井は思わず声を漏らし、反射的に山崎を見たのを、彼は気付いていた。けれど彼は櫻井に目を向けることなく、その場に集まっている全社員を真っすぐに見つめていた。

山崎は、櫻井のせいにしなかった。起こったことは誰のせいでもないと、全社員の前で断言した。そして、どうしてこのような事態が起こったのか、一切の責任追及をしなかった。

「起きたことを悔やんでいても何も始まらない。そこで……」

山崎は大きく息を吸い、そして力強く発した。

「三つの方針を立てた」

山崎のその声は、社内に響き渡った。

「三つの方針の一つ目。まず、一億二〇〇〇万円の負債が出て詐欺事件が起こったのは事実だ。それを、教訓として受け止める！」

恵子さんのアドバイスも受け、この三日間、山崎は、真っすぐ前を見据え、詐欺事件に対してすべてのことを考え切っていた。

裁判をして、詐欺と正面から闘ったとしても、みんなのエネルギーを落として疲労させるだけだ。また今回の詐欺事件は時間をかけ、かなり計画された詐欺だったことから、大きな組織による犯行だというのは容易に想像出来る。ここと戦っては、社員の身にも危険が及ぶ可能性がある。ここで手を引くのが、賢明な判断だと思われた。

だからもう、深追いはしない。悪いエネルギーはここまでにしよう、と。山崎は決断した。一億二〇〇〇万円が戻ってこないということに、悔しさも、情けなさも、腹立しさもあった。けれど未練を残さず、すっぱりと諦めることにしたのだ。

昔の山崎だったら、徹底的に問題を追及していただろう。なぜこんな失敗が起きたのか。どんな原因で起こり、誰に責任があるんだと。責任の所在をはっきりさせないと改善しないという考え方から、徹底的に追求をしていただろうと思った。

けれど違うのだ。皆、会社のためにと思って取った行動なのだ。山崎が売上目標を設定し、新規開拓を頑張らせていたことに要因がある。その過去を清算するという試練を与えられているのだ。それならば誰のせいでもない、乗り切ることだけに力を集中しようと、考え方を切り替えた。

今回の事件は無駄にせず、未来を向くための教訓にする。教訓にしないと、いけないのだ。

「三つの方針の二つ目は、絶対に一年で復興する」

山崎は、このままだとどうなるか、経営のシミュレーションをした。十一月までで、会社の成績を示す経常利益は『〇《ゼロ》』、着地は一億二〇〇〇万円の赤字だ。このまま止まっていたら、会社が消えて無くなるというのは目に見えていた。

勝算なんてない。けれど山崎は、自分自身を鼓舞するためにも、皆に安心感を与えるためにも、全社員の前で断言してみせた。そうすることで、復興に向けて、皆が同じ方向を目指せるとも思った。

(なんとしてでも復興させてみせる。幸せな社会を創り拡げるのだから)

自分に誓った。

「三つの方針の最後は、社員の心と身体の健康を優先する。全部を取られた状態だからこそ、今あるものを大切にしていくんだ！」

山崎は、全社員を見渡しながら思っていた。財産は取られてしまったが、皆ここにいる。

皆がここにいて、そして懸命に生きている。ならば、その心と身体を大事にしよう、と。

皆を大事に思うからこそ、休息を取らせる。夜中まで働くことは許さなかったし、食事も睡眠も、すべてを大事にし、健康で乗り越えようと思った。身体が健康でなければ、決して心も健康でいられないのだから。

（そして乗り越えるんだ）

山崎は、強く思った。

（決して諦めない。皆で、奇跡を起こす）

救われる櫻井

どんなに責められても、それを受け止めよう。それがせめてもの、辞めていく人間の役目だと、櫻井は覚悟していた。そして同時に、山崎が何をしても、どう頑張っても、この状況は好転しないし、この会社は助からないのではないかとも思っていた。

けれど、違っていた。

山崎は誰のせいでもないと、言い切ったのだ。誰かを責めるのでなく、誰のせいでもないのだと。「絶対に一年で復興する」櫻井の耳に、山崎の言葉が強く残っていた。

そこにいる山崎は、社長として全社員を守り、会社をここから復活させようという決意に満ちた姿だった。「絶対に」と強い決意を見せた山崎は、いつも以上に大きく見えた。

（ここで辞めることの方が、無責任なのではないか）

櫻井は、目の前にいる山崎を見て思った。辞めることは簡単だ。けれどそれは逃げることになる。

「この事件を、新たな価値を生み出すきっかけの出来事にしていこうよ」

山崎が静かに、けれど力強く言った。

損失を嘆くのではなく、こんな状況でも未来を見ている山崎を、心から頼もしく思った。

櫻井は涙を止めることが出来なかった。

さっきまで震えていた手足からは、熱い力がみなぎってきていた。山崎のその姿勢に、彼女の心は震えていた。今まで以上に、もっと。

「社長。私、ここで働いていても、いいんですか……？」

会社に莫大な損失を与えた私が、皆と一緒に未来を見てもいいのだろうか、迷いはまだあった、けれど。

「僕は、友ちゃんと一緒に働けることが嬉しいよ」

山崎は一切の迷いなく、櫻井に向けて言った。その言葉は、不安を一瞬にして吹き飛ばした。

今の山崎文栄堂は違うのだ。以前の、皆が別々の方向を見ていたバラバラの会社ではない。ここには、会社の方向性を示してくれる社長がいる。一緒に乗り越えようとしてくれる仲間がいる。

(この会社のために、みんなのために、頑張ってみせる。絶対に、一年で会社を復興させなければならない。損失を補うためではなく、試練を乗り越えて希望が生まれるように、誰よりも取り組もう)

櫻井は、心に誓った。

第7章　奇跡を起こす山崎文栄堂

これは奇跡なんかじゃない！

山崎は、銀行の前に立っていた。現在取引のある渋谷支店だ。銀行の支店長に、事件の報告と復興計画書を見せるためだった。

三つの方針を発表した後、山崎はすぐさま数パターンの資金運用計画を立てた。長年、経営計画や長期資金運用計画などを作ってきたし、他社の相談にも乗っていたからこそ、今の山崎文栄堂がどういう状態なのか、客観的に把握することが出来たのだ。

そこで出たのは、無常な結果だった。

山崎がシミュレーションで出した判定は、新規の借り入れが出来ない、ということだった。借り入れが出来ないということは、企業にとっては致命傷だ。一般的な企業と同様、現在山崎文栄堂には、銀行からの多額の借金がある状態だった。今までそれを順当に返済しつつ、企業として成り立たせていた。だが事業を回すためには、新たな借り入れをしながら返済するという状態を続かせなければならず、借り入れが出来ないということは、事業が出来ないということを示していた。

そうなった場合、山崎文栄堂が潰れるのは目に見えていた。

銀行は、山崎文栄堂が詐欺に遭い、負債を抱えたことは知らない。他社の連鎖倒産がなければ、知ることはないのだ。また山崎文栄堂は中小企業のため、一般的には、決算まで事件の報告義務はなかった。だからわざわざこの事件を知らせ、今後借り入れが出来なくなるという状況を作る必要はなかった。

けれど山崎は銀行に向かっていた。

今、出来ることを、一つ一つこなしていく。それが積み重なり、大きな一つの山になったとき、いつかどこかで必ず風向きは変わるはずだと信じていた。

今の自分に出来ることは、筋を通すことだ。

山崎は気合を入れるように、ネクタイをきゅっと強く締め直した。

「どうしたんですか、今日は」

銀行の支店長は、山崎の顔を見るなり言った。支店長室に通され、二人は向かい合う形で座っていた。

静かだった。この部屋だけ、静寂に包まれていた。ドアを挟んだ外では、日常が流れている。銀行に金を下ろしにくる者、金を預けにくる者、相談に来る者。そんな人々の日常の音が、微かに部屋に流れてきていた。自分だけ日常から外れてしまったような、そんな心細さを覚えた。

「実は……」

そこまで言って、山崎は一瞬だけ、言葉を詰まらせた。

ここから先は、言うだけ損をするということは、分かり切っていた。

では、何のために。何のために、自分は報告しようとしているのか。

「一億二〇〇〇万円の詐欺事件に遭いました」

正直であるために、だ。

「詐欺事件！」

事件の驚きと同時に、それ以上にそれをこうして伝えに来たことに、支店長は驚きを隠せず、言葉を失っていた。

山崎は、融資を受けている銀行に黙っているのは違うと思っていたし、心苦しかった。何より、他のところから話が漏れるくらいなら、自分の口からきちんと説明するのが筋だと思っていた。信頼を重んじる山崎の中の正義であり、男気でもあった。

「山崎さん。ご自分が何を言っておられるのか、分かっていますか」

支店長は、山崎の真意が読めないとばかりに、眉根を顰めた。なぜ、と。

「こんな、わざわざ足を運んでいただかなくても大丈夫だって、ご存じですよね。そのまま報告しなければ……」

支店長はそこまで言いかけると、思わず、続きの言葉を呑み込んだ。

山崎の目に、鋭い光が込められていたからだ。またそこから伝わる意思の強さ、意識の高さに、支店長は圧倒されているようだった。

「必ず一年で復興します」

山崎は、言い切った。

「そのために、計画表を作ってきました。見てください」

まずは、当初の目標経常利益八〇〇〇万円をなんとしても目指す道筋を示した。その中には、四六〇〇万円の経費削減案も含まれている。これから目指す道のりの険しさを、より表しているものにも見えた。

けれど山崎は、有言実行のために、恥を忍んで全てを曝け出した。自分自身の戒めのためにも。これから厳しい道のりを歩んでいくこと、けれど決して諦めないということの、山崎なりの決意表明だった。

「一年間、借り入れは必要ありません」

シミュレーションから借り入れが出来ないのを分かっていたため、山崎から言い出した。何よりも、嘘を吐いてまで、銀行から金を借りる道理はないと思っていた。

「このままですと、それがどういうことか分かっていますよね？　山崎さん」

嘘でも建前でもいい。馬鹿正直にならなくとも、回避出来る道があるはずだと、言われているような気がした。

借り入れが出来ないとなれば、返済も出来なくなるだろう。事業を回していく資金すらなくなり、一億二〇〇〇万円の負債は抱えたままだ。嘘を吐いて銀行から金を借り、そして会社を運営していくことも出来た。けれど山崎はそうしなかった。

なぜ自らそれを伝えてくるのか。支店長はそう言いたげな表情をしていた。山崎の行動が不思議だったのだろう。今までそんな事例など、あるはずもないのだから。

「もう一度、この再建計画と、復興計画を見てください。一年で復興してみせます。だから安心してください」

支店長は山崎から出された計画書に目を通した。この男の真意を確かめてやろうという、そんな気配すらにじみ出ていた。けれどそこに示された計画書は、現実を悲観することなく、希望すら垣間見ることが出来るような、完璧なものだった。

ゆっくりと、支店長が息を吐いた。それは溜息とも、困惑とも、感嘆とも捉えることが出来た。

「こんなに早く、報告と対策を持ってくる会社は、他にはありません」

支店長は顔を上げると、困ったように、小さく笑った。けれど次の瞬間、支店長が何か決意をしたように山崎を真っすぐ見据え、大きく息を吸った。そして。

「山崎さん」

支店長の低く、けれどよく通る声が、支店長室に響いた。

「わかりました」

山崎は、意味が分からず、支店長の言葉の続きを待った。

「貸します」

「……えっ？」

「ここは、出させてください」

支店長の真っすぐな目が、山崎の目を捉えていた。

「え、でも、うちはどう考えても、貸していただける状態じゃないですよ。銀行の規則で言ったら……」

山崎がなぜか慌ててそう言うと、支店長は決意のこもったはっきりとした口調で、断言した。

「支店長決裁で」

支店長の眼差しは、熱かった。

「私の一存で、貸します」

渋谷支店というのは、銀行の中でも出世コースの一つの支店である。そのため、優秀な支店長がやってくるのが通例だ。

「でも、支店長。これがばれたら、支店長の首が……」

「いや、私は山崎さんの男気にかけました。私も金融マンの端くれです。ここで困っている会社を救わなくては、なにが銀行ですか」

そう言って支店長は、清々しく笑った。

山崎は一瞬、何が起きたのか分からなかった。しばらく、支店長の顔を見つめていた。

「あ、ありがとうございます！」

山崎の中で、じわじわと実感がわいてきていた。

それは奇跡であり、山崎の真っすぐな思いが伝わった瞬間でもあった。

そして、一億二〇〇〇万円の詐欺被害に遭った会社に、五〇〇〇万円の新規借り入れが決まったのだ。

支店長は、山崎の男気に惚れ、個人決裁という男気で返してくれたのだ。

「山崎さん」

銀行を出る際、支店長自ら見送ってくれた。支店長はすっと右手を差し出した。

「頑張ってください」

「はい！」

山崎はその手を、両手で握り返した。そして互いに強く握ると、心が一つになったような気がした。復興への道のりに。

けれどその道のりが平坦ではないことは、支店長が一番良く知っていたはずだ。頑張れ、という支店長の言葉の裏には、現状が良くならない限り、今以上の貸し付けは出来ないといった現実の厳しさも、同時に表れていた。

山崎は全てを理解した上で、改めて、これからの道には大きな壁が聳え立っているということを実感していた。

こうして山崎は、取引のある銀行をすべて回り、各銀行に説明して回った。

銀行へ説明して回るのと並行して行っていたのが、税務署へ行くことだった。なんとかして詐欺事件の損失を、認めてもらうためだった。

通常、税務署では、詐欺事件が起きても損失とは認めない。損失とは、災害、盗難、横領を指すものであり、詐欺事件は含まれないのだ。なぜなら『自らの意思に基づいてなされたこと』が明らかであり、要は、騙された方が悪いというわけだ。また、『回収の見込みがある』とされ、損失が認められない。

また、損失が認められなければ、実際に売上代金が入金されなくても、売上計上はあったため、その金額に税金が生じてしまう。つまり、一億二〇〇〇万円の損失があるにも関わらず、更に六〇〇〇万円を税務署に支払わなくてはならないのだ。

けれどこれが損失とみなされれば、雑損控除を受けることが出来る。雑損控除とは、資産について損害を受けた場合、所得控除を受けることの出来る制度だ。

山崎は、詐欺事件によって出た損害を少しでも埋めようと、税務署に足を運んでいた。

「山崎さん。詐欺は損失に含まれません」

けれど税務署は、認めてくれなかった。

「分かっています。けど、今回は……」

「それがルールですから」

税務署の担当者は、山崎の言葉を遮るようにし、言葉を被せた。そして表情一つ変えず、席を立ってしまった。

「そこを何とか、お願いします！」

山崎のその声は、担当者には届かなかった。

山崎は税務署を追い出された。

けれど彼は、建物を見上げた。山崎はまだ諦めてはいなかった。ここで引き下がるわけにはいかない。どうにかしなければと、より思いは強くなっていく。

（ここで諦めたら、この先には進めない）

山崎は税務署をもう一度見上げ、握りしめた拳を、更に強く握った。


「今日も行くんですか」

若狭に言われ、山崎は頷いた。

「ああ、行ってくる」

山崎には、若狭が何を言いたいのか分かっていた。

「とりあえず、動かなきゃ何もはじまらないだろ」

けれどそれには気付かない振りをして、山崎は笑顔を見せて言った。

「戻りは昼過ぎかな。じゃ、行ってきます！」

山崎は若狭の視線を背中に感じながら、オフィスを後にした。

今日も彼が向かった先は、税務署だ。

若狭は分かっているのだ。どうやったって、税務署をひっくり返すことなんて出来ないということが。それよりも、連日山崎が頭を下げ、却下されて帰ってくる姿を見るのが、もう辛いのだ。

山崎に、若狭の気持ちは伝わっていた。けれど、結果的に無駄になったとしても、彼に動かないという選択肢はなかった。とにかく自分の出来るところまでやってみる。今の山崎を突き動かしていたものは、皆の笑顔を守りたい、山崎文栄堂を守りたい、その一心だった。


「もう一度だけ聞いてください」

山崎は担当者に向かって頭を下げた。その頃にはすでに、税務署内に山崎の姿が現れると、誰かが担当者を呼んでくれるまでになっていた。それだけ彼の顔は税務署内で浸透していたし、鬼気迫る真剣さに、周囲の人も遠巻きに見るほどだった。

「何度も申し上げているとおり、詐欺は損失に含まれません」

「承知しております。けれど、もう一度だけ、話を聞いてもらえませんか」

そう言って山崎は、今回の詐欺事件について、もう一度丁寧に説明を始めた。とにかく理解してもらえるまで、これからも、何度でも、足を運ぶつもりだった。

今回の取込詐欺事件は、新規案件だったこと。かなり手の込んだ計画で、見抜けるはずがなかったこと。大きな詐欺団絡みの事件で、これ以上手の出しようがなかったことなど、税務署では必要のない情報だと分かっていても、話さずにはいられなかった。

また、それだけ大きな組織を相手に回収出来る見込みなんてないということ、山崎文栄堂にとっての一億二〇〇〇万円がどれだけの損害に当たるのかなどを、山崎は、来る日も来る日も説明に来ていた。

「私たちは、法の番人です」

そう言って、最初は相手にもしてもらえなかった。頭ごなしに無理だと拒絶された。法律の番人が、法律通りにやらなければならないのは決まっている。法律上で無理だと言われた案件を、山崎がお願いしたところでどうにもならないことは、分かっていた。

けれど通わずにはいられなかった。

次の日も無理だと鼻であしらわれた。次の日も、最後まで話を聞いてもらうことが出来なかった。そしてその次の日も、また次の日も、連日、山崎は税務署へ足を運んだ。

「税務署の人間は法の番人であり、ルールの人間です。とにかくルールを曲げることは、絶対に出来ません」

山崎が事件の経緯をすべて話し終わると、無表情のまま、担当者はそう言った。

「私がルールを曲げたら、世の中がおかしくなる」

そう言い残して、担当者は席を立ってしまった。

今日も無理だった。けれど話は最後まで聞いてもらうことが出来た。それでもやはり無理だと言うのならば、もう無理なのだろう。

「ルールを曲げないのが、私の仕事です」

扉を開け、出て行こうとしていた担当者が、山崎の方を見ずに言った。

もう無理なのか。

山崎は税務署へ通い続け、はじめて大きな溜息を吐いた。


ここへ来るのも今日で最後にしよう。

そう決意し、山崎は再び税務署の扉を開けていた。今日で駄目なら、もう駄目なのだろうと、山崎は気持ちに整理を付けていた。連日、時間を取ってしまっていたお詫びも込めて、山崎は挨拶のつもりで来ていた。

「これが適用できます」

山崎の予想に反し、担当者がテーブルの上に一枚の紙を差し出してきた。

「これは……？」

驚いて山崎が担当者の顔を見ると、担当者はいつもの無表情を崩さず、けれどはっきりとした口調で言った。

「これは、貸倒損失です」

「貸倒損失……？」

聞きなれない単語を耳にし、一瞬、何を言われているのか理解出来なかった。山崎は渡された一枚の紙に目を通した。

そこには、『売上代金、又は売上債権が、得意先の倒産により回収が出来ないことがある。その場合、回収出来ないことが確定した金額については貸倒損失を計上し、損金に算入することで利益は減り、税金は取り戻されることになる』と、初めて聞く細かい法律の説明が書かれていた。

「ということは、今回の事件は……」

「これを適用させれば……」

よく見ると、担当者の顔はいつもよりも疲れているように見えた。目の下にはクマができ、心なしか顔色が良くない。この細かい法律のルールを見つけるのに、徹夜をしてくれたのだろうと、容易に想像が出来た。

「これ……、探してきてくれたんですか……？」

山崎は胸が熱くなった。

担当者は、しかし疲れを感じさせないいつもの口調で静かに言った。

「これで、法律どおりです」

淡々と、表情一つ変えずに言った。けれどその目の奥からは、担当者の熱い想いが伝わってくるようだった。

「ありがとうございます」

深々と頭を下げる山崎に、担当者の声が響いた。

「私たちは、法の番人ですから」


山崎は会社へ戻ると、幹部たちを集めた。

「損失が認められた！」

山崎がそう告げると、皆が歓喜に沸いた。若狭は拳を握りしめて大きくガッツポーズをし、清家は両手で口を押え、声にならない言葉で喜びを表現していた。

櫻井は、その場に泣き崩れた。

「良かった……。本当に、良かったです……」

櫻井はずっと張りつめていた気持ちが、爆発したかのように、声を上げて泣いていた。

山崎は、幹部たちの姿を見ながら、噛み締めていた。この会社を守ることが出来て、本当に良かったと。

「これで、潰れない……」

櫻井が呟くと、山崎は大きく頷いた。

〈仲村恵子の所見〉神様からのギフト

銀行で新たな借り入れが出来たことも、税務署で貸倒損失が認められたことも、どちらも奇跡だった。いや、これは奇跡なんかではなく、すべて、担当者の心を動かした山ちゃんをはじめチーム全員の志の高さが、誠実な想いが起こした、必然的な大逆転だったのだ。

何の為に会社を存続させたいのか？

何の為にチームを守りたいのか？

言葉を超えた貴い思いは、出逢った瞬間に本物だけがまとい発するエネルギーで、魂に伝わる。ご縁のある沢山の魂が、このチームを生かしたいと本気になった時、奇跡が起きる。お天道様は、世間様はちゃんと見ている。意味のある結果しか起こらない。

考えてほしい。同じように詐欺に合った人が、全く同じプロセスを通って、あなたの前に現れたとしよう。もしあなたが担当者なら、どう対応する？

何が何でも助けたいと思える人と、どれだけ必死に訴えられても、これは規則だから断ろうと思う人がいる。

自分の損得を超えてまで、あなたは家族でも社員でもない他人を助けたい、応援したいと思うのか？　ここに全ての答えがある。「この人はきっと世の為、人の為に役立ってくれるだろう……」だ。

魂は知っている。わかるのだ。だからこそ志の高い会社を守りたい。応援したいと思うエネルギーが湧きあがり想像を超えた奇跡が起きる。

そういう意味で魂が成長すれば、奇跡は何度でも起こせる。運は人が運んでくるものだから。運の良い人になればいい。

「この試練は神様からのギフトだ」という話をしておこう。

山ちゃん謙ちゃんと幹部を合わせた四人は、確かに同志になった。しかしその先、社員全員が放っておいてワンチームになるわけがない。何かしらの仕組みや体験が必要だったのだ。

この局面で、社員はそれぞれに自問自答することになる。

社長と幹部が、考え方をシフトすることで文栄堂の雰囲気が確実に変わってきた。今まで嫌で辛くてやめたかった理由がドンドン無くなり、日増しに小さかった変化の兆しが明るくあたたかく拡がっていく。

もう少しイメージしながら考えてみてほしい。

例えば私たちが『氷』の存在だったとしよう。生きる為にはドンドン温度を下げて、みんなで動かないように冷たく固まる。「なんて冷たくて安心の世界なんだろう」。

そこへ『水』が勢いよく現れて、「明るく元気に行動しようぜ」と、振動数を上げていく。ドンドン氷が水になる。「大変だ溶けてしまう」と氷は不安になる。

今度は『太陽』だ。更に社長と幹部が、突然やる気になってエネルギーをドンドンあげて「幸せな社会を創り拡げる」などと、明るく元気に行動し、水が太陽の熱エネルギーを受けて、目の前で機嫌よく蒸気になっていく。

「お〜い消えたぞ、大丈夫かぁ？　聞いてないよ、こんな会社に入社した覚えはないぞ」、氷の生存本能が叫ぶ。氷は、なんとなく水は見たことあるが、自由に空飛ぶ蒸気に自分がなるなんて、とても想像できない。

人間には神から与えられたイマジネーションがあるが、想像出来ない事は、どうなるのか不安にしかならない。だから教育しかない。変化することを許す力と先を見通す智恵を鍛えていくしかない。

さてまだ山崎文栄堂全体では、シフトが始まったばかりで、氷と水と蒸気が入り混じったような、変化に戸惑う不安定なタイミングで、この倒産するかもしれない詐欺事件だ。神々の絶妙なタイミングに感動する。

実はここで、問われるのは幹部四人ではない。チームひとりひとりの試練なのだ。どうする？　氷でいるか？　溶けてみるか？　見たことも聞いたことも無い、全くわからない「幸せに楽しく成功する」とかいう異次元の蒸気の世界に行ってみる？

当然やめる人もいるだろう、このタイミングなら離脱しやすい。突然の変化で、どうなるかわからず、不安になってやめていく。行き先が明確になれば、自分とは方向性や価値観が違うとわかってやめていく。様々な人がいるが共通点は、志に向かって歩むワンチームではなかったという事だ。

今はワンチームになるための最終ステップ、創造的破壊の時なのだ。試練は人を強くする力でもあり、試練は分かれ道でもある。

山崎文栄堂を真のワンチームにする為に、幹部が中心になってひとりひとりと丁寧に話あってもらい、今後の方向性を握りあった。

そしてチームが明確に、まとまり動けるようになっていった。その為にパート社員も含めた全員参加で、意識合わせの研修も定期的に開催した。

研修に参加されている人の中で何だか無表情でエネルギーが冷たく動かない人がいた。私は思わず「新しい山崎文栄堂の取り組みなんだけど、どう思う？」と聞いてみた。全く興味関心がないようなそぶりで床をみながら、「私は働かなければならない理由があって仕事をしています。志なんて全く関心がないです。前の山崎文栄堂の方が良かった」と、ぽつぽつ本音を話してくれた。その人にとっては、そうだろうと思う。ただわかって欲しいのは、「もうロボットのような働き方で感情を閉じて仕事をすればいい」という以前の山崎文栄堂には戻れない。こんな時だからこそ、みんなで力を合わせて『志経営』にシフトすると決めたのだから。

後は自分がどのように関わるのか決めるしかない。私の願いは、自分の人生でこんな会社が合わないと不平不満、陰口、悪口、弱音、泣き言を言いながら、日々を送ることはやめて欲しいと願う。自分の言霊は、自分の人生の観たい世界を決定する力がある。今日は最悪と思えば最悪な事を数える。今日は最高と思えば、幸せを探す。自分の人生の幸、不幸を決めるのは自分の言霊だから。

その後、その人はしばらくして退職することになったと聞いた。その人にとって、ありがたいと思う幸せな世界は必ずある。


チームの方向性を志にまとめる為に、次に行った事は役割という垣根を超える事。

自分の成果や売り上げに繋がる事は、今まで通りできると思う。しかし自分の数字にだけ追われていれば、競うことはあっても助け合うことはない。

今は会社存続の危機だ。「お客様に喜ばれるならワンチームとして助け合う」そんな綺麗ごとが、野球でいう九回裏ツーアウト満塁の局面で、切羽詰まって本気で出来た。

困ってしまえば細かい事は言ってられない。出来る事は全部やる。やっと本当の団体戦になってきた。部署間の垣根を超えて戦えた。自分の成果にならなくてもいい、みんなで助けあい会社を守る。

この課題を超えられない会社は結構ある。業績を伸ばす素晴らしい人財がいればいるほど競い合い戦ってしまう。競い合って成長すると思うのだろう。大事な事は、「自分の成功だけを考えて行動する人を育てたいのか？　チーム全体の事を考えられるリーダーを育てたいのか？」である。経営者としては当然後者だ。ではどうすれば全員野球が会社でできるのか？

それも一気に！

その方法は、神様が教えてくれる、山崎文栄堂は倒産の危機！　今なら瞬時にできる、やるしかない全員野球だ。このタイミングで倒産の危機が、山崎文栄堂チームにギフトされ、チームを一つにまとめ上げる転機となった。試練はありがたい。ありがたいのだ。

私が立てた志経営を実現する為の十年計画、山崎文栄堂奇跡の会社大作戦は着実に進んでいく。

次は、朱に交われば赤くなる大作戦。社屋、つまりチームのフィールドを効率的に変えていく時がきた。

社員のため、お客様のために

ある日、恵子さんとの面談を終えて帰ってきた山崎が不意に、オフィスを見渡しながら若狭に言った。

「こんな時だからこそ、オフィスを明るくしたいよね」

「そうですよね。こんな節約ばかりじゃ、みんな気が滅入ってしまうし……」

そこまで言って、若狭は突然、閃いた。

「あ！　任せてもらっていいですか」

思わず、声を張り上げていた。思い付いたアイデアがとても素晴らしいものに思え、わくわくしたからだ。きっと今、自分の目はきらきらと輝いているのだろうと思うと、自然と笑いが込み上げてくるのを感じていた。

「謙ちゃん、どうするの」

そして山崎のその目も、期待に輝いていた。


数日後。

「いいじゃん！　すごくいいよ、これ！」

山崎が見るなり、声を上げた。そしてそんな山崎を、若狭、櫻井、清家の幹部たちは、満足そうに見つめていた。

若狭はオフィス改革として、数か所ある会議室の一室に芝生を敷いた。そしてそこに杉の木と薪を入れ、なんとテントを張っていたのだ。

「これ、山ちゃんお薦めのテントです」

オフィスにテント！ 山崎文栄堂は、社員の笑顔広がるベースキャンプになった。

そう言って櫻井が指さしたのは、山崎御用達のアウトドアブランドのテントだった。

支出を抑えながらも、使うところには使う。それはもちろん、社員のために、だ。

「みんなが安心するベースキャンプのようなものを作りたくて、友ちゃんと美奈ちゃんと相談して決めました」

若狭がそう言うと、山崎は満面の笑みを浮かべ、そして頷いた。

「いやあ、流石だよ」

山崎はその場に座り込んだ。そして、そんな山崎の姿を見ていた幹部たちも、込み上げてくる笑いを抑えられず、ついには吹き出してしまった。皆の足元には芝生があって、目の前には薪が並んでいる。東京の、渋谷のど真ん中に。

「会議室にテント！」

示し合わせたかのように、皆の声が重なった。

テントの奥には、晴れ晴れとした真っ青な空が見渡せた。それはまるで屋久島で見た、あの時の空のようだった。

空は繋がっている。どこにいても、何をしていても、あの時の空は今に続いているんだ。

若狭はなぜか、そんなことを考えていた。

「すごくいいね。これで会議も堅苦しくならず、なんでも話しやすくなるよ」

こんな状況でも、少しでもオフィスを明るくしたい。そんな山崎の思いから、幹部主導でオフィス改革に着手することにした。山崎は「みんなが決めて。僕はお金の決済だけ」と言い、すべてを若狭たちに委ねてくれていた。それは、信頼の証だった。

〈仲村恵子の所見〉オフィスが変わる、フィールドをデザインする

朱に交われば赤くなるとは本当によく言ったものだ。昔の人はすごいなぁといつも教えていただくことばかりだ。

ひと昔前の山崎文栄堂は、床から更に天井にまで目標達成への営業成績の棒グラフが、ま

るでツタのように伸び、部屋を覆うことが目的のように重苦しく囲いこんでいた。一番伸びている人も最下位の人も、いずれにせよその覆われた空間は、人が幸せになる空間ではなかった。

数字と人間なら、数字という伸びるツタが優先され、その為に人が栄養になり疲弊しても仕方ないと、いわんばかりの空間だ。数字をあげる為に無駄をなくし効率を考え抜かれたオフィスは、綺麗に整理整頓され、素晴らしく機能的に動いている。環境整備は徹底され、それはもの凄く大事で素晴らしい。

しかし人間が数字に囚われたような空間になってしまっては本末転倒である。

気が付けば素晴らしい環境を整えることさえ点数、つまり数字で評価されるようになっていた。こんなことを繰り返せば、数字が人を評価する嫌な感じと繋がってしまう。

いつの日か数字のもつ美しさや、宇宙を表す、図形や数字の本来の神秘な力を学ぶ日もくるだろう。

ある日、山ちゃんに話した。

「山ちゃん、もうすでに山崎文栄堂は整理整頓はもの凄く綺麗にできているから凄いよね。ここまで出来たら次のステージに行かない？　例えば、なんか整った喫茶店でも、凄く殺風景でヒンヤリとした感じのお店とね、ふわっと温かくキラキラっと輝いているような居心地のいい感じのお店ってあるよね。この良い感じとか、違和感って普通ビジネスでは取り上げてもらいにくいんだけど、このファーストインスピレーションって、人間には超重要で、この感覚を直観って言うよね」

山ちゃんは、わかったような、わからないような顔をしている。

「そしてこれから山崎文栄堂は、付き合うお客様もシフトしていくことになる。以前話した氷や水のチームなら、見えるもの計れるもので判断する。しかしこれから付き合うお客様は、蒸気やプラズマのチームになる。彼らの判断は智慧を使う。この智慧の半分は『なんか嫌な感じがするなぁ〜』『良い感じだなぁ〜』っていう直観力を使いこなす」

明らかにクエスチョンマークが灯っている顔であるが、山ちゃんは笑ってこう答える。

「恵子さんの言うことなら、何でもやってみますよ！」

その素直なところが、山ちゃんの良いところである。大丈夫安心しなさい、すごいところに連れて行ってあげるから……。

氷か水チームだった山崎文栄堂を蒸気・プラズマチームの仲間入りできるように、無理を超えて本気で挑戦してもらった。それは、人が育つ空間のエネルギーデザインだ。雰囲気が醸し出す空間のエネルギーを、何となく見て聴いて感じた瞬時に、蒸気やプラズマチームに、文栄堂は仲間だとわかるようにフィールドを整え情報配信していった。新しい文栄堂を発見し認めてもらわなければならない。

直観を使えるチームの特徴は、時間の無駄な会議がいらなくなっていく。なぜなら瞬時にわかるから対応するスピードがとんでもなく速い。今のように変化対応を余儀なくされる時代には本領を発揮し、とてつもなく強い。臨機応変に形を変え素早く躊躇なく変化していく。

空間というフィールドの中で人は染まっていく。それは各家庭や会社や国でも同じで、それぞれに常識という普通の価値が顕在化していく。

私はアインシュタインの「常識とは十八歳までに培った偏見のコレクションだ」という言葉を気に入っている。常識や普通は自分がいる居場所にのみ採用され、次元が上昇すれば、それもまた変化していくだろう。だからこそ私は少数派になる事を、楽しんでいる。なぜならその次元では確かに少数派だが、次元上昇すれば氷が溶けて水になり、蒸気が自由に行動できる事は、常識だし普通だと思うから。

自分たちは何が常識だと思う仲間といますか？　いつも自分に問いかけている。私は常識を越え続けて「凄いなぁ～！」と感動したい。自分の知っているちっぽけな世界から、まだ見ぬ世界を冒険していく楽しさを体験して生きたいのだ。

使えるかどうかは別として内在する力は凄い。だから人は空間エネルギーをデザインすることができる。これが次のテーマだけど……、今の山ちゃんにはまだ難しいようだ。成長する未来が楽しみだ！　将来が有望で仕方ない！

毎月一回山ちゃんと謙ちゃんと面談をして、次のオファーを出すのだが、このころの二人は、私のむちゃぶりを楽しんでいるようで、「もうなんでもやります」とニコニコしている。ありがたい。コーチは優秀なチームがいなければ成り立たない。「奇跡のような出逢いに感謝」といつも思う。

フィールドの為に具体的に行動してもらった事は、山崎文栄堂が得意な環境整備を、楽しいおしゃべりＯＫの雑談空間にしてもらった。手をしっかり動かしながら、基本雑談なので何を話してもいいけど、ほっこり笑顔が出るような「楽しい空間を拡げる」をテーマに、環境整備してもらった。

例えば自分の好きなテーマパークに行く感じと同じ原理で、そこに行って楽しいという感覚を毎回積み重ねると、なんとなく遊園地を想像しただけでも楽しくなる。笑顔溢れる会社がいいか、閉塞感のある会社がいいか、どちらも人は創ることができる。

「今日何食べる？」

「そうね。最近新しいお店ができたみたい、行ってみようか？」

「ねぇ、どんな人がタイプ？　まぁ選んでられないかぁ～？」

「あはは、うふふ。へぇそうなの？」

会社の中で堂々と笑顔で雑談し、楽しいと感じる時間と空間を積み上げていく。

そしてベースが出来たら、次は空間を大きくわけていく。

仕事に集中する空間。リラックスする空間。楽しく未来について語り合う空間。

ここで大切なことは、『混ぜるな危険』だ。せっかくリラックスした空間に、怒りが飛び込んで来たら台無しになる。丁寧に空間をわけて、そのフィールドに相応しい調度品も整えていく。

リラックスや穏やかさは、ビジネスとかけ離れた場所に感じる人もいるようだが、インスピレーションは、のんびり散歩をするなど脳が穏やかな周波数になった時、閃いてくるようだ。そこでリラックスをテーマに謙ちゃんに考えて貰った時、みんなで屋久島登山合宿で経験したテント泊を思い出したようだった。

なんと社内にテント空間を作ってしまった。

そう言えばテントから出てきた謙ちゃんは、「いやぁ～恵子さん落ち着きますね～」と大自然から頂いたエネルギー温泉につかっているかような幸せ笑顔だった。

素敵な体験は時空を超えてこれからの人生の力になる。

みんなで大自然を冒険しながら、テントに入るとき、もうすでに心は大自然と共にある。

今後、山崎文栄堂は、大きなテントのあるリラックス空間を筆頭に、事務所空間のエネルギーを使いわけて行くことになる。人のやる気や、集中力、楽しさをまるで、テーマパークが、色合いや肌ざわりなど感じる空間を変えるように……。

休む場所さえなかった、離職率八〇%の辛く頑張る山崎文栄堂から、必要なエネルギーを、いかようにも使える楽しく挑戦する山崎文栄堂の空間へシフトしていく。

見えてきた新しいフィールド

そして山崎文栄堂は、これらのオフィス改革に、一〇〇〇万円の投資を行った。

こんな時に一〇〇〇万円の投資なんて正気の沙汰ではないと、社員から非難されることもあった。経費削減どころか大投資をしているのだから、それは当然のことだった。

そんな非難に対して、山崎は、これは資産になるから利益に影響しないのだと、数字を用いながら、社員に説明した。

「イノベーションを起こすんだ」

山崎の強く、そして楽しそうな言葉は、若狭の胸を摑んだ。他の社員も同様だった。

以降、不思議なことに社員たちの間で、それ以上非難する者は出てこなかった。山崎が何かやることは、社員のため、自分たちのために行ってくれているという絶対的な信頼が、出来上がっていったからだ。

「社長、なんか変なの頼んだよ」

「健康のための昇降式デスクだって」

若狭は、山崎が三つの方針の一つ、『社員の心と体の健康』を大切にしていていることを何よりも嬉しく思った。

この頃には当然のように、社内の至る所で、社長と社員の一対一の面談が行われていた。若狭が耳を澄ませてみると、睡眠時間はちゃんと取れているか、身体に良いものを食べているかなど、まるで母親のように社員の心配をしている山崎がいた。そこには、山崎の愛情が感じられた。

「自分の身体にちゃんとありがとうと言っているか」

そんな山崎の声が聞こえたときには、社員のことを本当に思っていなければ出てこない言葉だと思い、純粋に感動した。

「社長って、ほら、有言実行の人だから」

ある社員が、なぜか得意気に言っていた。若狭はそんな光景を見て、嬉しくなった。山崎の想いは社員たちに届いているし、社員たちも山崎に感謝している。何より悲観的にならないこの会社には、パワーがみなぎっているように思えた。

(自分が今、この会社のために出来ることはなにか)

若狭は今まで以上に気合を入れ、目の前にある今出来ることを、とにかく懸命にこなしていった。

こうして一歩ずつ、皆が毎日を丁寧に生きながら、日々は過ぎていった。目に見える変化は少なくとも、山崎文栄堂は着実に変わっていた。

自分を大切にする。仲間を大切にする。会社を、仕事を、役割を大切にしながら、皆の士気は下がることはなく、同じ方向へ突き進んでいた。

そして詐欺事件から一年が経ち、期末を終えた時期だった。

もう一つの奇跡が起きたのだ。

「社長、見てください！」

社員が開いていたパソコン画面を指さし、そして興奮気味に山崎に見せてきた。その画面には、経常利益が計算された表が映し出されている。その表の中で、大きな文字で強調されている欄がある。今期の経常利益の欄だ。

「ん⁉」

山崎は目を擦った。そして、もう一度画面を覗き込んだ。

そこには、『一億二〇〇〇万円』という数字が表示されていた。

なんと、八〇〇〇万円の経常利益目標が一億二〇〇〇万円になり、黒字になっていたのだ。

僅かではあるが、損失を上回っていた。

「社長……。すごいです……。これって、すごいことですよね！」

社員は興奮しながらその画面を、何度も指さしていた。

山崎は、なぜかぼんやりとその画面を眺めていた。そしてこの一年間のことが、まるで走馬灯のように、脳裏に駆け巡っていた。

銀行を回り、何度も頭を下げたこと。

連日税務署へ足を運び、説明したこと。

銀行や税務署の担当者の顔が、眼下に浮かんでくる。

経費削減で、この一年間はほとんど自分の給料などなく、家族にも苦労をさせたこと。

社員への賞与が出せず、涙を流したこと。

すべてが無駄ではなかったのだと、その思いが、じんわりと山崎の心に染み渡っていた。

「絶対に一年で復興する！」一年前、山崎が全社員の前で宣言した言葉。その時は、本当に復興出来るのかと不安になった。恐怖すら感じた。けれどそんな弱気な姿は、見せられなかった。

「社長の言葉に嘘はなかったんだ！」

遠くで、社員が叫んでいた。

誰しもが想像していなかった。この先のことなんて、何も期待出来なかった。億単位の損害なんて見たこともなかったし、それがまさか自社で起きるなんてと、皆が絶望に陥った。

皆が倒産の危機を感じたし、諦めもした。

けれど山崎は、諦めなかった。未来を見ていた。

そして、V字回復をしてみせたのだ。

「山ちゃん！」

若狭が山崎の横に立っていた。唇を強く噛んでいる若狭の姿を見て、涙を堪えていると分かった瞬間、山崎の目にも熱いものが溢れてきた。

若狭が、すっと右手を挙げた。山崎は頷き、そして同じように右手を掲げた。パンッと大きな音を立てて、二人の手は合わさった。

山崎文栄堂はこうして復興してみせたのだ。

事件が起きても、山崎文栄堂が変わらずにいたことが、既存顧客からの信頼に繫がった。

お役立ちの姿勢を示すことで、新規の顧客も増えた。

今回の詐欺事件で、山崎文栄堂は一致団結した。ほんの僅かな綻びから起こった取込詐欺事件。これを見事に乗り越え、真のワンチームとなった。試練が人だけではなく、会社も強くしたのであった。

さらに、これにとどまらない驚きの出来事が起き始める。

STEP4　他力の風が吹く

第1章　経営計画発表会

仲村恵子の指摘

「いやあ。まさか、たった一年で黒字化するとは、今でも信じられません。恵子さんのお陰です。本当に感謝です！」

山崎は、経営者勉強会のオフィスで、驚異的なV字回復で立ち直った報告をしていた。

恵子さんは笑顔で答える。

「それは、山ちゃんたちが私の言うことを信じてくれて、ワンチームで全力でやり抜いたからだよ。すごい行動力だったね。普通の会社なら、挫けちゃうところだよ」

「ありがとうございます。恵子さんに出会って、勉強会や屋久島でのワークに通い詰めていなかったら、この事件、絶対に乗り切れませんでした。間違いなく、私が真っ先に潰れていたと思います」

　山崎は笑顔になって続けた。

「これで、今度の経営計画発表会も盛大に行えます」

　恵子さんの表情が笑顔から真顔に変わった。

　経営計画発表会とは、山崎文栄堂の昨年度の業績や達成状況と今年度の事業方針を、お客様、パートナー企業や取引銀行の方々に発表する重要な会である。

「山ちゃん、どういう内容でやるつもり？」

　恵子さんの問いに、山崎は答える。

「基本は、今までと同じです。黒字になったことを強調するのと、お世話になった方々への感謝の気持ちを多くするつもりでいます」

「今までと同じなの？」

　恵子さんの表情が曇った……。

（ん、なにかまずいのか？）

　山崎はこれまでの経営計画発表会のシーンを思い浮かべた。

　会場は、渋谷の一流ホテル。来賓席に、日頃からお世話になっているお客様と取引銀行の方々を招き、社員席には、山崎文栄堂の社員数十名が集まっている。

「最初に今期の数字報告をさせていただきます」

山崎が言い終わるとすぐに、

「はい！」

ハキハキとした声が会場にこだました。最前列に座っていた社員三人が素早く同時に立ち上がる。

スポットライトが三人を照らす。

「今期の売り上げは――です。目標達成しました！」

売り上げ、粗利益、営業利益の数字を、三人は順番に大きな声で発表した。

「以上です。ありがとうございました」

揃った動作で最敬礼をして、三人は着席する。

再びスポットライトが壇上の山崎にあたる。

「厳しい風を受けながら、それを乗り越えてきた一年でした。みんなで力を合わせて、増収増益を果たすことができました」

山崎は笑顔で話を続ける。

「目標に対して、売上一〇九％、粗利益一〇七％、営業利益一〇九％となりました。この成果を見事にやり遂げることができたのは、社員みんなのおかげです。お客様のご支援のおかげです」

業績目標を達成したことに対し、皆へ感謝を述べた。

「それでは、経営計画書を開封してください」

山崎の言葉に続いて、経営計画書の読み上げが始まる。

「長期事業構想書」

「目標の経常利益は――」

社員が立ち上がり、経営計画書を大きくはっきりとした声で読み上げて、座る。その社員が座った瞬間に、別の社員が同じような動作で立ち上がり、経営計画書を読み上げていく。

「以上で、経営計画書の報告を終わります！」

経営計画書の読み上げが終わると、山崎の号令とともに社員全員が一斉に立ち上がり、同じタイミングで来賓席に向き直る。

「ありがとうございました！」

山崎の声を合図に、社員が揃って最敬礼をして、声を発した。

「ありがとうございました！」

社員全員の声が会場に響き渡る。

「恵子さん、これまでの経営計画発表会、何か問題ありましたか？」

曇った表情を崩さない恵子さんに、山崎はたまらず話しかけた。恵子さんが口を開いた。

「分からないのよね……」

（えっ？　何が、分からないんだろう）

山崎は思わず、窓の外に視線を移した。風が強いのか、雲の流れが速い。太陽も雲に隠れたり顔を出したりを繰り返している。山崎の心境と同じように、はっきりしない天気だ。

そんな天気以上に山崎の心をもやもやとさせる質問を、恵子さんが発する。

「ねぇ山ちゃん、何でわざわざみんなを集めて、経営計画発表会をするの？」

「はっ？　何でって……。きちんと数字で成果報告をして、今後の計画や新年度の目標を明確に伝えることで、銀行の方々や社員に信頼してもらうためですよね」

当たり前すぎる質問に、山崎は戸惑いながら答えた。

「それはそうだろうけど、やっぱり分からない、山ちゃんは数字の天才で、毎月しっかり銀行を訪問して報告しているじゃない。社員に伝えるだけなら、みんなをオフィスに集めて輪になって新年度の報告をすればいいよね」

「そ、それは……」

恵子さんの指摘に、山崎は言葉を詰まらせた。

「しかも、何で、まるでロボットが集まった軍隊のように、同じタイミングで立ち、座るの？」

恵子さんの指摘は続く。

「それは、動作が整い、来賓の方に良い印象を与えるからですよ」

山崎は額に汗がにじむのを感じながら答えた。

「動作は確かに揃っているけれど、まるで満員電車から人が溢れ同じタイミングで階段を上っていくような印象を私は持ったわ……。ここに人はいるのだろうかと思うような、冷たい雰囲気を感じたのよね」

楽しくなさそうな表情を恵子さんは浮かべている。

「そうですかあ……」

分厚い雲が太陽を覆い隠した。オフィスは山崎の気持ちを表すかのように、少し暗くなった。

「何で、形式的な発表しなければならないの？　内省内観で自分をみつめたように、この経営計画発表会の意図も考えなきゃ！　昭和の常識があるとは思うけど、時代は変わっているんだよ。せっかくみんなで集まるなら、もっともっと他にやりようはあるよ」

良いと思っていた経営計画発表会の指摘を受けて固まっている山崎。それをわざと気にしないかのように、恵子さんは話し続ける。

「よし、まず手始めにこの形式的な経営計画発表会を、銀行をはじめ関係各社が度肝を抜くような、そして、『凄い会社だなぁ』『自分の会社の社員たちも、ぜひ勉強のために参加させたいな』と、出席した皆様から応援して頂けるような、魅力的な発表会に変えて行こう！そうしようね、山ちゃん」

暗く固まっていた山崎の表情が和らぐ。分厚い雲の合間から太陽が顔を出した。山崎の顔が明るく照らされる。

「それは面白そうですね。ぜひ、そうしましょう！」

山崎は笑顔で恵子さんに言った。

「じゃあ、まず目標を決めましょう」

恵子さんも笑顔で答える。

「確か山ちゃんは、経営計画発表会が終わった翌日に、銀行訪問をするって言っていたよね。この時の銀行の反応と評価を過去最高にして、銀行が安心して融資してくれるようにすることを、目標にしようか」

「おおっ。いいですね。でも、どこをどう変えたらいいのでしょうか」

どうしたらよいかピンとこない山崎。恵子さんがヒントを出した。

「どうしたら銀行が安心して融資してくると思う？」

「業績ですかね」

即答する山崎。

「それは当然だけど、そこは、山ちゃんは数字の天才だから何の問題もないよね。そこに、あることを付け加えるのよ。それはね」

恵子さんが少し間を取った。山崎は思わず唾を飲み込む。

「それは、チームの魅力よ。社長の志と人柄、そして活気溢れるチーム力とお客様の支援。それに新しい時代に対応できる具体的な営業戦略。そのすべてが付加したら完全な勝ち組になるわよ」

恵子さんの言葉に、山崎は頷きながら質問した。

「チームということは、謙ちゃん、友ちゃん、美奈ちゃんもこの企画に巻き込むということですかね？」

「そうね」

恵子さんは、「正解！」という表情をする。

「何となく分かってきましたよ。お客様の支援、新しい時代の営業戦略というのは、私たちの志『幸せな社会を創り拡げる』ですね？」

「その通り」

恵子さんは拍手をしながら言った。
「山ちゃん、頑張ってね」

新しい経営計画発表会を目指して

恵子さんの言葉に勇気づけられた山崎は、勢い勇んで、経営者勉強会のオフィスをあとにした。

その後、若狭、櫻井、清家に、経営計画発表会の内容を大きく変更する決断をしたことを報告した。皆、一瞬驚きの表情を浮かべたが、山崎が恵子さんと話した内容を伝えたところ、納得したようであった。

まず、原案を四人で考え、恵子さんにチェックしてもらう。

しかし、どうしても過去の経営計画発表会のイメージからなかなか抜け出せない。何度も何度も、多いときは週四〜五日くらい恵子さんに会いに行き、指摘をもとに仲間たちと議論する。山崎たちは、数えきれないくらい、去年までの発表会を振り返った。そして、恵子さんの指摘を反芻した。

これまでは、社長が決定し、社員が実施というように、社長の権威と権力を知らしめる会でもあった。その為にこの日に突然人事発表をしたり、社長が決めた事を、実行した人を評価する。つまり王様と家来の立場を明確に分離し評価を知らしめるようなパフォーマンスでもあった。

だからこの会で、社長と幹部が肩を並べ、善き仲間として同じステージに立ち、共に笑顔で登壇することなど決して許されることではなかったのだ。

過去の山崎のリーダー像とは、強くたくましい者こそが正しいと思い、自分とはかけ離れたリーダーを演出していた。役職と責任という壁をつくり、誰もわかってくれないと孤独になるような仕組みの発表会だった。

しかし今の山崎は違う、みんなに寄り添う優しさや仲間を守る存在だ。

さらにこの発表会で、今までのピラミッド型の売り上げを達成する為に戦うチームから、より大きな志を念頭に、全員が戦い助け合う、丸いワンチームにシフトした真実を、未来の仲間や関係各社に伝えなければならない。もう孤独な経営者ではなく、チームみんなで、善き仲間と共に戦う企業へと進化していく姿を発表していくのである。

そう恵子さんに諭された……。

この気づきをもとに、さらに議論を深める。そして、自分たちの成果よりも、出席される方々や社会に向けて、今後、山崎文栄堂をどういう会社にしていきたいかを語る会にするべきだという結論に辿り着いた。やっとのことで、発表会の大枠の流れが出来上がったのである。

次に、会の詳細を詰めていく。恵子さんからのアドバイスは、「形式的な数字の報告や、文章の読み合わせは極力やめること」、「取り込み詐欺の経験を通して得られた社員や企業の方々、経営者仲間との絆、そこから発展する未来を、ストーリーに乗せて伝えること」であった。

これにふさわしい内容を皆でさらに話し合う。恵子さんの助言もあり、謙ちゃん、友ちゃん、美奈ちゃんの体験談を、それぞれが包み隠さず発表することに決まった。

これからは物の魅力やサービスだけでは戦えない、教育とエネルギーそして情報配信が鍵になってくると、山崎含めた四人の物語を発表することになったのである。今までのように営業して売り上げを上げる戦略ではなく、人、そしてチームの魅力で応援してもらう企業にシフトする時代になったのだと。

次に取り掛かったのは、発表会の原稿作成である。何回も何回も、恵子さんに不具合箇所を指摘されては修正する。山崎を含めた四人は、発表の原稿を、自分と向き合いながら修正していった。こうして、経営計画発表会の準備が整った。

「なんとか、間に合いました。本当にありがとうございます」

恵子さんの最終チェックが終わり、山崎は感謝の気持ちを伝えた。

「うん。皆、相変わらずの頑張りだね。きっと良い会になるよ」

笑顔の恵子さん。

「じゃあ、最後に名称変更しよう」

恵子さんからの提案を、山崎は聞いた。

「なるほど、それは良いです！」

山崎が驚きが混ざった笑みを浮かべて答える。

提案は、それまでの経営計画発表会という会の名称を『志経営発表会』に改めるということであった。

志経営発表会

「私たちがコミットした経営の志は、『幸せな社会を創り拡げる』です」

山崎文栄堂の志経営発表会が始まった。開会のアナウンスとともに、壇上の山崎にスポットライトが当たる。そんな中で、山崎が一番最初に発した言葉が、「幸せな社会を創り拡げる」であった。

「えっ!?」という声が聞こえてきそうな会場の反応を楽しみながら、山崎は続ける。

「この一年、『幸せな社会を創る』ことに繋がるのか、お客様への行動ひとつひとつが『幸せを拡げる』ことに繋がっていくのかを常に考えながら、チームみんながひとりひとり、一瞬一瞬を大事に、力を合わせてきました。そして、私たちには大きな困難さえも乗り越えて希望を生み出せる無限の可能性があることに気づかされました」

例年のような数字の話は一切出てこない。志を語った。

そこから、山崎は取り込み詐欺事件の体験を語った。

「全財産を失う、二十三年前の倒産の危機に次ぐ大惨事となりました。会社が成り立たなくてもおかしくないのに、みんな残ってくれた。つらい中、声を掛け合って励ましあってやってくれました。社員、家族、お客様、皆さまに感謝の気持ちを込めて、この発表会を開催させていただきます」

山崎の気持ちがあふれた。再び、大きな拍手が起こった。

「続きまして、幹部社員からです」

司会の紹介に続き、まず櫻井が壇上に登る。例年にはない社員の登壇にざわつく会場、しかし櫻井の言葉がそれを静めていた。

「ついていけない。自分のようなタイプの人間はこの会社の中に居場所がない。毎月、毎年『辛い、辞めたい』と心の中で呟きながらも、会社を辞めると言い出す勇気もなく、どんどん辞めていく社員を見送る十年でした。五年くらい前からなんとなく会社の変化を感じ始めました……」

山崎と若狭が変わっていったこと、屋久島での研修のこと、その後、様々な非効率な制度を廃止したことを、発表した。

「私が実現したいのは、ひとりひとりが持っている本来の力が発揮され、大自然のような多様性と調和を生み出す世界です。そのために、自分自身の心が常に自由で穏やかであり、チームメンバーひとりひとりの個性やアイデア、創造性を大切にします」

櫻井はスピーチで、こんな未来を語る。飾らない言葉で心情を吐露した。そして、決意表明を行った。

「新しいことをたのしみ、可能性を拡げる会社にします」

続いて、清家がスピーチをした。

「自分の成績や評価に強くこだわるところがあり、『良い成績を出さないと 自分には価値がない』とずっと思い込んで 仕事をしていました」

過去の辛い時代を振り返る清家。数年前から、山崎と若狭が変わってきたこと。それとともに、自分も変わった点を語る。

「一番できるようになったことは、『自分自身の存在や行動を承認する』ということです。その変化が現実を変えていきました。過去にお世話になったお客様から『清家さんに相談したいので来てもらえるかな？』と嬉しい声を多くいただけるようになり、ここが自分の 居場所なんだなと思えるようになりました」

感謝の言葉を述べる清家。そして、

「『幸せな社会を創り拡げる』という志経営の第一歩を踏み出せたと自信につながりました。この一年間取り組んできた経験を糧に、『会社を良くしていきたい』というお客様の思いに寄り添い、形にしていくことを、精一杯、取り組んで参ります」

最後は決意の言葉で結んだ。素直な気持ちが伝わり、涙ぐむ来客もいた。

会の最後には、経営者勉強会での研修会の写真や映像が、音楽とともに流れた。

「私は社員を追い込んで辞めさせる。そんなことが繰り返される毎日を、数年前まで送っていました。しかし、屋久島をはじめとした様々な研修を通じて気づいたのです」

その映像と音楽に合わせて、若狭がステージに登り語り始めた。

「私が本当にやりたかったことが、分かりました。両親、同志となった山ちゃん、ワンチームになった友ちゃん、美奈ちゃん、その他の大勢のお世話になった方々への感謝が溢れて、本当になりたかった自分の姿が浮かび上がってきたのです」

この言葉が合図となっていたかのように映像と音楽が止み、会場はシーンと静まりかえる。

壇上の若狭にスポットライトが当たった。

「私は、人の役に立つ人間になりたい！」

若狭の決意が、会場に響き渡る。

一瞬の静寂。

その後、これまでの何倍も大きな拍手が会場にこだました。

再び、音楽と映像が流れ始め、若狭はゆっくりとそして深く頭を下げる。そして、山崎が登壇した。

「志経営で社会に貢献し続けます。これからも、コツコツと、みんな笑顔で、手をつないで喜んで、幸せを拡げていきます！」

山崎が締めくくる。

「幸せな社会を創り拡げる」新たなる決意をこめた
山崎文栄堂志経営発表会

鳴りやまない拍手と大歓声。

降壇した山崎たちに、出席者の方から応援の言葉が続く。

「山崎文栄堂さん、これから、もっと応援するよ」

「頑張って下さい！　幸せな社会を創り拡げること、私たちも協力しますよ」

山崎はもちろん、皆、涙をこらえるのに必死だった。


こうして、異例の経営発表会は終了した。会場の片づけを終え、山崎は最後にホテルを出た。きれいな夕焼けが空を染めている。

「幸せな社会を創り拡げる」

これまでは、どうやったら一介の文具店が幸せな社会を創って拡げられるんだろうと、僅かではあるが疑問を飲み込みながら進んできた。しかし、取り込み詐欺事件からの復活、そして、練りに練った今回の志経営発表会を経て、この道を進めていく決意、覚悟が定まった。

「これが、私の、そして、山崎文栄堂の進む道だ！」

夕焼けに向かって宣言する山崎であった。

吹き始めた他力の風

この志経営発表会の翌日、山崎は、例年通り、取引先の銀行へ訪問した。

「山崎さん！　昨日は大変お疲れさまでした。あんなに感動したのは、いつぶりだろうと思いましたよ」

これまで見たこともないような笑顔で出迎えてくれる担当者。ありがとうございますと頭を下げる山崎。

「昨日、一緒に参加させていただいた上司から、手紙を預かっています。本当は今日同席したかったようなのですが、予定が詰まっていたので、手紙を書いたとのことです」

担当者が山崎に一通の手紙を差し出した。

「お時間が許せば、ぜひ、ここで読んでください」

担当者の勧めに従い、封を開き手紙を読み始めた。山崎は自分の目がどんどんと潤んでいくのを感じた。

——こんな経営計画を発表する会社は、初めてです。形式的な発表に終始するのが普通ですが、本当に驚きました。そして、心を打たれました。立派な志を持ち、語り、そしてそれをとことん実践する、山崎文栄堂のような企業を、日本にもっと増やしたい。そうすれば、幸せな社会が訪れる、日本の未来も安泰だ、そう確信いたしました。

手紙にはこのような内容が書かれていた。

山崎が涙をこらえながら手紙を読み終えたころ、担当者が声をかけた。

「お読みいただけましたか。こういう訳ですので、ぜひ、私どもから融資をさせていただきたいと思います。今後も、頑張っていきましょう。応援します」

担当者が、山崎文栄堂の格付けと、融資額を提示する。

「えっ！」

山崎は思わず、声を上げた。

詐欺事件でA評価からE評価（格付けなし）にまで落ち込んでいたものが、このV字回復によって、A評価に戻るだけでなく、さらに一段上の格付けにまで上がったのである。

「昨日の志経営発表会で、格付けが一つあがりました。融資額もそれに準じております」

担当者の説明に、笑顔になる山崎。

「えっ！」

再び、山崎は驚きの声をあげた。

融資額の欄に記載された金額は、なんと一億円であった。

恵子さんが笑顔で言った言葉が思い出された。

「銀行の融資は数字だけではないのよ。総合的に将来性や、人材力、教育投資、貢献活動によるお客様の評価などが重要。だからこの発表会でものすごいムーブメントが起きるわ、きっと」


志経営発表会から、一気に風向きが変わった。

融資額は、最終的に、三つの銀行から合計三億円となった。それだけではなく、非常に勉強になるため、次回の志経営発表会にはスタッフも参加させたいという申し出も相次いだ。中には、異動で担当を外れた方から、個人的に参加したいという連絡が入るケースまであった。

いよいよ、本格的な他力の風が、山崎文栄堂に吹き始めたのである。

第2章　貢献で、幸せな社会を創り拡げる

お役立ちの効果

「こんにちは」

「あら、文栄堂さん。今日も来てくれたの」

既存の顧客に対して一件一件訪問し、困っていることはないかと、聞き取り営業を行う。何よりも、顧客とのコミュニケーションに時間を割いた。

この頃には、営業社員が顔を出すと、歓迎してくれるようになっていた。

「何か困ったことはありませんか」

「レジの変わりにタブレット端末を導入したんだけど、なんか動かなくなっちゃって」

商店街の店で、こうした新しいシステムを導入したが、設定の仕方が分からないといった

話があがれば、社員はすぐさま対応した。設定をもう一度やり直したり、使い方を社員が学んで教えるなどもした。決して営業のためではなく、お役立ちのために、だ。

すると、山崎文栄堂は親切丁寧だと、隣の店に山崎文栄堂を紹介してくれ、またその隣の店は隣を、といったように、みるみるうちに、新規の顧客が増えていった。商店街のネットワークの強さは、予想以上であった。

また別の時には、既存の顧客へ訪問して何気ない会話をしていたところ、近くの花屋が困っているとの情報を聞き入れた。

「大量発注があって、ラッピング用のリボンが足りないって、朝から駆け回っているみたい」

そんな声を聞けば、社員は多様な種類のリボンを用意し、少しでも助けになればと花屋を訪問した。すると、大いに感激してくれた花屋が、次からはラッピング用品一式を、山崎文栄堂で注文してくれるようになった。

どこかで困っている人はいないか。どこかで助けを必要としている人はいないか。そんな、お客様に寄り添う営業スタイルが自然と発展していった。

困ったら山崎文栄堂がいる。既存のお客様に、そんな風に思ってもらえるように。

「お宅の社員、なんかすごく変わったよね」

モノを売る営業から、お客様に寄り添うお役立ちへ

しばらくして、昔から取引をしてもらっている商社へ顔を出した時、社長に会うなり開口一番に言われた言葉が耳に残っている。

「なんて言うかな。明るくなったって言うか、キラキラしてるって言うか」

今では、価格を相談される事もなく注文して頂けるようになった。

「どうせなら買うなら、謙ちゃん、友ちゃん、美奈ちゃんにお願いしたい」と、名指しでお声がけいただける。

「山崎文栄堂が親切で信頼出来るから、ぜひお願いしたい」キラキラ笑顔の選ばれるチームになってきたのだ。

更なる変革

「よし。じゃあ、次はここを変えていこう」

「分かりました！　すぐに対応します」

恵子さんの指摘に、山崎は全力で行動する。

「幸せな社会を創り拡げる」に沿った、お役立ち経営へシフトしはじめた山崎文栄堂。他力の風も吹き始め、会社の雰囲気もどんどん良い方向へと変わっていった。

それでも、恵子さんは進化へのスピードを緩めない。次々と山崎に、変革するべき点を指導していく。その中の変革の一つに、社員の採用活動があった。

その年の新卒採用が一段落した頃、恵子さんが、研修会に参加していた山崎に声をかけた。

「山ちゃん。社員の採用活動、もう止めない？」

「えっ。止める？　採用活動をですか？　確かに、これまでのやり方は変えた方がよいとは思っていましたが……」

山崎は、びっくりしながら、離職率が八〇％を超えていた数年前の山崎文栄堂の採用活動を思い返した。

「御社の理念、『おしごとたのしく』に魅力を感じまして、入社を希望いたしました」

採用面接に訪れた入社希望者が、緊張気味に話す。

山崎が口を開く。

「本日は、よく来てくださいました。では、立っていただいて、大きな声で『ハイ』といってみてくれますか？」

「ハイ！」

山崎の言葉が終わるとすぐに、真っすぐに起立して大きな声で言う入社希望者。

「いいですね。では、おでこを見せてもらえますか？」

続けて、山崎が言う。

入社希望者は、前髪を両手であげて、おでこを山崎に近づけた。

「素晴らしいですね。採用です。よろしくお願いします」

「は、はあ。ありがとうございます……頑張ります」

一瞬、怪訝な表情を浮かべた後、採用が決まったことに喜ぶ入社希望者がいた。「おでこを見せろと言われたら、迷わず即座に、疑問を持たす指示に従い、おでこを見せる」これが山崎が採用希望者に課したハードルだった。

（あの頃は、本当にどうかしていいなあ……。指示に従う健康なロボットのような人材だけを求めていたんだった）

俯いて黙っている山崎に、恵子さんが語りかけた。

「昔のことを思い出した？　幸せを創るのとはほど遠かったよね。入社してやめる事まで考えると採用に何千万も経費はかかっているでしょ。だったら、止めよう。そして、その経費を、社員の幸せのために使おうよ」

「はい。できることならそうしたいです。でも、どうやって新卒社員を採用するんですか？」

「それはね」

恵子さんが微笑む。

「できるだけ早く、謙ちゃんと友ちゃん、美奈ちゃんと一緒に、打合せしよう」

次の日、山崎は三人を連れて、経営者勉強会のオフィスを訪れた。そして、恵子さんの考えを聞いた。そして、それを実行に移した。

ヒーローズクラブでは、皆で参加した屋久島やカナダなど、大自然の中での様々な楽しい合宿研修を動画でまとめている。それをドンドン活用しインターネットで配信した。

また、就職活動を始めようとする学生に向けて、社会に出る際の疑問や不安に答えたり、就職先を決めるときの注意点やアドバイスをする会を、若狭、櫻井、清家を中心に企画した。遠方にいたり、日程が合わずに参加できない人には、個別に対応した。学生たちへのお役立ちである。

山崎文栄堂の業務に興味を持った学生や、社会人の雰囲気を知りたいという要望があった学生向けに、インターンシップも始めた。一日～三日間、社員と一緒に、お客様を訪問するなど、実際の業務を体験してもらう企画である。

山崎文栄堂自体の新卒採用とはまったく関係しないお役立ち企画と、そこで親身に対応する社員たちの姿勢は、就職活動をする学生たちの話題となった。

「山崎文栄堂は、就職活動のサポートを親身にしてくれる」

数百人の学生が、自然と訪れた。「この会社に就職したい」という学生も非常に多かった。

こうして、何の採用活動も行わない山崎文栄堂には、求人数の一〇〇倍の応募が押し寄せるようになったのである。

「恵子さん！　素晴らしい人材が押し寄せてきました。採用経費は全くかけてないのに」

山崎は恵子さんに報告した。

「相変わらずの実行力だね。しっかりやってくれたから、学生たちにも気持ちが伝わったたんだよ」

恵子さんの言葉に思わず笑顔になる山崎。

「ここで浮いた採用の経費を、社員の教育に使うのよ。あと、次の段階として、山ちゃんの志経営によりぴったりな人材を集めるようにしようね」

「はい」

恵子さんのアドバイスに、即答する山崎であった。

山崎は、アドバイスに従って、山崎文栄堂の志経営を動画で配信した。

——ここにいると皆嬉しくて、成長しているなっていう実感がある。それでいて、仕事を通じて世の中の役にも立てているって、とても幸せじゃないですか？

——会社って学校みたい。会社が、社員を育て豊かに幸せにしていく。社員は切磋琢磨して成長し、また別の人を幸せにしていく。幸せが拡がっていくよ。

すると「幸せな社会を創り拡げる」に共感した人材が自然と集まった。その人材たちの教育に、山崎は投資をした。それに応えるように、社員たちは、お客様、そして社会へのお役立ちを拡げていく。

「新しいことにチャレンジして、それによって、貢献の幅を拡げていきたい」

ある社員は、こう語った。

（恵子さんの言う通りだ。こうやって、幸せを創り拡げていけるんだ）

これまでやってきたことへの確信を深める山崎であった。

〈仲村恵子の所見〉学生との約束

採用に関して中小零細企業の経営者の中に、ひそかに囁かれる思い込みがある。

「良い人材が来ないのは当たり前、だから厳しく管理するしかないよ」

「まず凄い人は、来ないだろうなぁ〜、来てもうちじゃ対応できないよ」

「大手とは給料や待遇も違うんだから仕方ないよな」

こんな話を聞くと、やる気とアイデアが溢れんばかりに湧いてくる。

これからの新時代では、大企業神話は崩れてくるだろう、時代が大きく変化する時は小回りの利く、小型で一気にスピードの出る船が戦いやすい。中小零細企業は、オーナー経営者がほとんどで、決定すれば即行動できる。少数精鋭の強みがある。「憧れるスーパーサラリーマン、ヒーロー的働き者はここだよ、集まれ〜！」とのろしをあげよう。

卒業し就職したら、何となくやりたいことは出来ないような閉塞感を醸し出したのは誰だろうか？　国の法律や規則をしっかり守れば、みんなで自由に働きたい会社を、創ってもいいはずだ。

子どもたちの未来が果てしなくワクワクする時代を創ろうではないか？　と本気で思う。実はこの思いは、ある大学での講義の時に、学生たちを前に勝手に約束した事にある。もう十五年以上前の事だからとっくに忘れられているだろうけど……。

大学でコミュニケーション研修を、四回生相手に教えていた。学生たちは優秀で、教えた事はドンドン覚えて実践練習も見事にこなす。

若人の未来の姿に希望が湧いて、教える私も回を重ねるごとに嬉しくなる。そして楽しい時間は、瞬く間に過ぎてついに最終日がやってきた。この学生たちと、もう二度と会わないかもしれないなぁ～、と思いながら一呼吸して問いかけた。

「最高に楽しい授業をさせて頂きありがとうございました。私から最後の質問です。皆さんはもうすぐ社会人ですね。これからの数十年社会で活躍する皆さんの未来が楽しみです。だからこそ聞かせて下さい。おひとりおひとりの、これからの志は何ですか？」

（あれっ……、こんなに静かだっけ……）

盛り上がっていた空間に何だか、せつない空気というか、嫌な感じがまじりあい、

（それって今聞くこと？）

という雰囲気……。

私そんなにまずいこと聞いた？　地雷踏んだ？　と思いながら数分が流れ、優秀なキラキラだった学生たちが急に老けて、疲れたサラリーマンの顔になった。

「恵子先生、僕たちの就職先は決まっています。僕は大手企業、あいつは銀行、あいつは国家公務員。この段階で、大まかな将来、生涯賃金は決まっています。僕たちが大人になろうとしているときに、子どもみたいな質問やめてもらえませんか……」

（え〜っマジそうなの？　自分たちが就職する会社を、自分たちが変えて行こうと思わないの？　まぁそうだよなぁ、それが普通だよな……）

ショックを受けた心の中でつぶやきながら、

「ありがとう正直に言ってくれて。あのね、あなたの考えは正しいと思う。その中で精一杯貢献していくんだから、よくわかるよ。ただね私個人の考えなんだけど……、自分の子どもたちや後輩にさあ、志も想定内だと言いたいかなぁ？　私はね、皆に今ここで誓うよ。これから先何年かかろうとも、一社でもいいから子どもたちがワクワクする憧れるような、新時代に対応出来る魅力的な企業を創ってみせる！　マジ本気で言ってるんだよ」

私の宣言に、生徒たちは顔に疑問符が浮かんでいた。

なんだか未来に希望が持たない事が、大人になるような感じさえした。さてそんな時代の価値観が、これからも続くんだろうか？

時代の価値観はものすごいスピードで変わっていく。ひと昔前なら、強さや武力とか、家柄とか学歴とかが重要だった。

でも今は優秀な人が大学を出ないで、便利なシステムを使って独立企業とかも普通にする。企業も生産性のある個人事業主と契約したがる。

ネットを使えば世界中の凄い先生を選択しいくらでも、何でも学べる時代が来る。

時代は変わる、戦争をするにしても、情報戦や考える力をなくす教育、もう昔のようにドンパチの戦い方ではなく静かに人が居なくなる。

紙幣も影をひそめお金の流れも変わっていくだろう。

流れが速いからこそ、これからは常に、最新情報の更新と時代の変化に挑戦できる教育が大事だと思う。柔軟で素早い行動力、人間的魅力と先見性、そして善き仲間のコミュニティを運営する力……。

私の宣言に、静かになっていた教室。

（学生たちがどうせ無理を超えて、人生という冒険を楽しめる社会を創りたいと思う、その為に私はもっと頑張るぞ）

と勝手にコミットした。

そして、目の前の大人な学生たちは、

（子供のような恵子さんだから、しょうがないなぁ〜）

と、優しい目になってきて、

「応援していますよ」

と言ってくれた。

「僕もなんか諦めたくはないですよ。恵子先生みたいな変な大人がいるとおもしろいですね」

ちょっと空気がふわりとした。

風がヒューヒュー鳴る教室の窓に目を誘われると、青空には鳥が連なって飛んでいた。

（みていろよ学生たち、心に自由の翼を！　それが普通なんだぞ〜）

と祈る言霊が腹に落ちた瞬間だった。

この出逢いが、望む未来を細部にまでよりリアルにしてくれたのだ。神様ありがとうございます。

そこから十五年以上たち、二〇一八年全国の学生諸君が入りたくなるヒーローズクラブを立ち上げる事になる。

「仲間で助け合う」、日本ならできると思う。

みんな親戚家族のような感覚がある。そもそも農業を中心にお祭りをしながら神々と共に仲良く生きてきた民族だ。最初は上手く行かなくても経営者や幹部たちが、まるで学生や家族のように同じ釜の飯を食い、冒険し学べば、次第に信頼や仲間という感覚を思い出す。そして幸せな成功者が続出する仕組みが出来上がった。

山崎文栄堂は、仕事の半分が教育や貢献活動、太鼓やダンスや世界を大冒険し、学生に選ばれる愉快な会社になった。冒険を楽しみながら営業せずとも売り上げが上がり続ける。新規客が増え続ける。「そんな馬鹿な話があるわけがない！」と思うかもしれない。信じなくて良いけど本当だから、現実は小説よりおもしろい。

本音の志採用

ひと昔前の山崎文栄堂は離職率八〇％だから社員がやめるのが当然だった、人が居なくなるのは辛くて寂しいものだ。だから無意識に心が傷つかないよう、少し奇妙に感じるかもしれないが、「ここまで追い詰めたらやめるだろうなぁ、やはりやめたか」と安心する。

理解できるだろうか？

誰もやめてほしくない、でもやめていくなら、そんなのが普通だという風にすればいい。愛して傷つくなら愛さなければいい。好きと言わずに嫌われるような事を言えば、やっぱりねと期待しないだけ安心していられる。不思議な世界が循環していた。

どこか心の奥で採用したいけど採用したくない。意識と無意識とどちらが強いかというと、やはり無意識だろう。素敵な人を雇いたくて雇いたくない。社長で言えば経営したくて、会社をやめたい。なんだか見えない葛藤が、現実の世界を創っていく。だから何がリアルかというと心の世界がリアルだと思い、そこに現実という幻想を創っていくようだ。

山崎文栄堂はやっと、幸せな世界を創っていいとチーム全体の無意識に許可がおりた。全員で楽しいチームが創造できた。

だから安心して沢山の学生たちを応援したくなる。

「こんな楽しい会社においでよ」

「仲間になろうよ」

会社に誇りが生まれていく。

そのころには口コミで瞬く間に倍率が一〇〇倍を超えて、ほとんどの人が入れない状況になっていた。

このタイミングで次に実行したことは、言語の基準を変える事。自分たちが「楽しそう。良い会社だなぁ〜」から、意識的に「志や貢献」などの価値観を前面に出していく。この言語フィールドはとっても大事だ。同じ言語を使う仲間を採用すれば、自然と価値観があっていく。採用の言語を変えると一気に申し込みが百人単位から、きちんと志を共有できる数人単位に絞りこめた。

断る人数が多いと、スタッフ側の申し訳ない気持ちや、学生たちの残念だな、というエネルギーがフィールドに拡がってしまう。それを回避することと、対応する時間をこれ以上増やせないからだ。

だいたい採用で困っている企業はたくさん申し込みがあると嬉しくなる。最初はその成功体験が大事だが、それが出来たら、価値観を共有する為の次のステップが大事になってくる。

山崎文栄堂に問い合わせてきた人たちは、ほぼ会社の志経営を理解している状態でやってくる。会社の世界観や必要な情報であるヒーローズクラブの活動や、講演会での内容は動画など、ネットを使い配信し事前情報を見聞き出来るようにしておいたからだ。

初めてあった時に、「あっ、山崎さんだ！」「若狭さんだ！」と、まるで画面ごしに慣れ親しんだ芸能人に声をかけるような状態だ。初対面な感じがしない。

そういう面でも便利な世の中になった。嘘がつけない時代になった分、正直者ならこんな楽なことはない。ありがたい。

言語を変えてから一気に採用の時短が出来た。会社について説明する必要がない。これは採用も、新規開拓もシステムはまるで同じだ。

山崎文栄堂はやっとのことで、志経営に取り組んで、世界が変わり仲間が変わってきた。ようやく青虫がさなぎに、ついに空を飛ぶ蝶の仲間になる時がきた。

勝手に仕事がやってくる⁉

「どうしましょう」

「どうするか」

若狭は、櫻井から報告された事案について、頭を抱えていた。

「そうは言っても、あの大手グループ企業だからなあ」

若狭が独り言のように呟くと、櫻井は心配そうに顔を見上げた。

「あ、社長」

櫻井が助けを求めるかのような声で、出社してきた山崎を呼んだ。

「どうした、なにかあったか？」

若狭があまりにも困惑した顔をしていたからか、山崎が心配そうに尋ねる。

「はい……。現在取引中の大手グループ企業から連絡がありまして、実は、他社と同じ値引き率にならないかって」

「値引き交渉か……」

この大手グループ企業は、山崎文栄堂の中でトップ３に入る企業で、一社だけでも売り上げの五分の一を占めている大きな取引先である。

「それも、下げないと契約解除だと言っています」

「契約解除？」

山崎が眉根を顰《ひそ》め、一瞬だけ、怪訝な表情を見せた。

こういったやり取りは、今までいくつもあった。「他社がこれだけの値段で入れているのだから、そちらでも出来るだろう。この値段で売ってくれたら、これからも契約は続ける」などだ。

この頃の山崎文栄堂はすでに明確な志を掲げていたため、あまりにその志にそぐわない会社とは、残念ながら一緒に仕事をしていくことは出来ないと、決断するようにしていた。けれど、この大手グループ企業から契約を解除されるということは、山崎文栄堂にとってかなりの痛手だった。売り上げの五分の一を放棄することになるのだから、話は違う。

若狭は一瞬考えた。ここで特別扱いし、値下げすることになったら、他の取引先に示しが付かないだろう。何より一社だけ値引きするということは、誠実ではない。

「値引き、しますか」

櫻井が、山崎に聞いていた。彼女はかなり弱気になっていた。詐欺事件のような負債を抱えた後だから仕方がないだろうと、若狭は櫻井の表情を見ながら思った。

「謙ちゃんは、どう思う？」

山崎が呟いた。

「値引きは、したくありません。正直じゃありません」

そう言って若狭は、山崎を見据えた。山崎はその視線を受け止め、頷いた。

「やっぱりそれは、フェアじゃないよね」

若狭は山崎のその言葉を確認し、決意した。

「この件、任せてもらえますか」

山崎が大きく頷いた。

若狭は、山崎と同じ意見だったということに、力をもらった。そしてもはやそこに、迷いはなかった。値引きはしない。けれど契約解除もさせたくない。まず出来ることは、説明に行くことだ。

若狭はすぐさま先方にアポイントを取り、自分のスケジュールも調整した。

「今から行ってきます」

「よろしく頼む」

そして若狭は櫻井を連れて、大手グループ会社に乗り込んだ。


若狭は、緊張で固まっている櫻井と共に、役員室に通されていた。ソファに沈み込む身体は居心地が悪く、心許ない。今から売り上げトップ3の一社を失ってしまうかもしれない。

「お忙しい中、わざわざご足労いただきまして」

役員室のドアが開き、担当者が現れた。その雰囲気は、どこか山崎と似ているような気がした。温かく、柔らかい空気の中に、強い芯を感じさせる笑みだ。

「まずは、弊社の志について説明させてください」

若狭は気後れすることなく、山崎文栄堂がどういう会社なのかを語り始めた。既存のお客様のお役立ちに時間を割いていること、情報をお伝えし、お客様との関係作りに力を入れていること、困ったときに思い出してもらう存在になること。

「山崎文栄堂は『幸せな社会を創り拡げる』を志に掲げ、常にその言葉に反していないかを意識しています」

更に若狭は伝えた。お客様に喜んでいただけるようなビジネスにしようと取り組んでいること、社員の教育に力を入れていること、そして、一社だけ特別扱いをすることは、他の顧客に誠実ではないということ。

「私は、誰に対しても誠実であるこの会社が、大好きです」

櫻井が、向かい側に座る担当者を真っすぐに見つめ、言った。

「申し訳ございませんが、これ以上の値引きは出来ません。ただ私たちは、これからも精一杯お役立ちをさせていただきたいと思っています」

二人は、商品の説明は一切しなかった。先方の役員には、山崎文栄堂の取り組みや、志を説明し、そして帰社したのだ。

もしこれで契約解除となってしまっても、仕方ないだろう。若狭は、山崎の力強い頷きを思い出しながら、やれることだけはやったという実感を持っていた。

社員たちはこれで大手グループ企業とは契約が打ち切られたと、誰しもが思った。けれどそのことについて、打ちひしがれているものは誰一人いなかった。

「フェアじゃないし」

社員たちは強くなっていたのだ。こんなことくらいでは負けない。乗り越えてきたものに比べたら、と。

「社長、お電話です。あのグループ企業からなんですけど……」

「わかった。今出る」

これで売り上げトップ3の企業を失ってしまう、皆がそう思った。それも仕方ないと、山崎は清々しい表情で電話を取った。

「継続、ですか……？」

けれど、違った。

山崎のその声に、会話を聞いていた若狭や櫻井、その他の社員たちが、信じられないといった風に、目を丸くしていた。

グループ企業の会長は社会貢献に対して、積極的に取り組んでいる人だと言う。その会長が、山崎文栄堂の社員たちの仕事に対する姿勢や、顧客に対しての誠実さ、何より企業としての考え方に賛同してくれたのだ。

この会社は、理念も志も、山崎文栄堂と同じ方向を見ている企業だった。どちらが上や下などではなく、山崎文栄堂は、自社と同じように日本を良くしていく会社であると、認めてくれたのだ。そして、情報の提供やお客様のお役立ちという実績の中で、すでに信頼関係も築けており、その信頼の中で、山崎文栄堂とこれからも付き合っていきたいと、言ってくれた。

それだけではなかった。

「え？　新しい子会社も……」

グループ会社の新しい子会社も、取引先として紹介してくれると言うのだ。

「ぜひ、お願いいたします」

山崎が社員たちに目配せをすると、一斉にその場が歓喜に沸いた。若狭は櫻井と、力強く手を握り合った。

これは、山崎文栄堂のぶれない姿勢が先方に伝わったことを表していた。その結果、一社解約になるはずだったのが、新規で五社の契約となったのだ。

「本当によくやってくれた！　ありがとう。謙ちゃん、友ちゃん」

山崎文栄堂が社長の山崎だけでなく、幹部たちによっても会社が成り立っているということが現れた一つのお客様の形だった。

それからしばらくして、今度は中堅商社から電話があった。オフィス通販会社では取扱いのない商品の発注依頼だった。

「そのファイルは以前の型でして、新しい型なら取扱いがあるのですが」

社員は新しくリニューアルされた方のファイルを勧めたが、以前から使っているファイルで揃えたいと先方は言った。

そこで社員はまず、どうすれば以前の型のファイルが手に入るのかを調べ始めた。決して断ることはしなかった。先方が望む商品を用意したい。その思いから、ファイルの製造元に連絡を取り、そして在庫を調べてもらった。残っている在庫を確認すると、社員自らその足で取りに行った。

そうして無事に、先方の希望通りの商品を渡すことが出来た。つまり山崎文栄堂としては、業務外の仕事だった。けれど、常にお客様のためにという思いで動いている社員にとって、もはや当たり前のことをしたまでだった。

すると、そこまでしてくれるなんて、と大変喜んでもらうことが出来た。

しばらくしてから、山崎文栄堂に一本の電話が入る。ファイルを受け取った商社の担当者が転職し、転職先で総務部長になったということだった。

「そこで扱う文具を、山崎文栄堂さんで統一してもらいたい」

その一言で、また新たな顧客が出来たのだ。

山崎は驚いていた。

新規開拓をせずとも、仕事が舞い込んでくる。これは明らかに他力の風が吹き始めていたことを示していた。新規開拓で、毎日営業を行っていた頃には考えられなかったことだ。

お願いします、と頭を下げて取っていた契約が、お客様に喜んでいただくを信念に、丁寧に仕事をすることでその後に繋がってくる。こちらからお願いをせずとも、ぜひ山崎文栄堂さんで、と言ってくれる企業が増えてくる。

その勢いは、止まらない。


若狭の元に、グローバル企業が定期的に国ごとに入札を行い、オフィス用品の契約先を変更するという情報が入ってきた。

「日本でも同じように探しているようです」

若狭は、真剣な眼差しで言った。

「今回も、僕に行かせてもらえませんか」

国ごとに入札を行っていると聞いたときから、若狭の中で、日本での入札はこの山崎文栄堂にしたいという強い願望があった。ここのグローバル企業と契約が決まれば、かなり大きい。営業畑で育ってきた若狭の本能とも呼べる感情だった。

「わかった。お願いするよ。けど、とりあえずうちの活動内容を知ってもらおう」

その時にはもう、若狭は気付いていた。

「では、商品や価格の説明は……」

「しない」

山崎のその言葉を受けて、思わず笑みがこぼれた。

「山崎文栄堂が、どういう会社か見てもらうんだ」

山崎文栄堂の志と同じ方向を見ていたら、自ずと決まってくるだろう。違う志を持った企業だったら、こちらとしても一緒の方向は見られない。山崎はそう言いたいのだ。

「わかりました。今すぐにでも」

若狭は逸りだす気持ちを抑えるのに、必死だった。


そして若狭は、グローバル企業を訪問した。担当役員にタブレットを渡すと、山崎文栄堂の活動内容を流した。

「一緒にご覧いただけますか」

そこには、屋久島でのチームビルディング研修の概要や、行ってきた講演、それまでの活動をまとめたものが流れていた。社員教育という形で、幹部メンバーが和太鼓を真剣に取り組んでいるものもあった。社員たちが皆真剣に、そしてきらきらとした表情で仕事に取り組んでいる姿が、映し出されている。

これは、「日本を元気にしよう」と社会貢献活動に取り組むヒーローズクラブの一員として山崎文栄堂がどういう理念と信条を持って、どのような活動を行っているかを知ってもらうためだった。あくまでもどういう会社なのかを知ってもらうためで、決して営業をかけるようなものではない。

「私たちは、物を安く仕入れて大量に販売するというビジネスモデルから、お客様の困りごとを解決する、お役立ちに貢献していく会社にシフトしました。それには、社員ひとりひとりの成長を大切にしているということを、今日はお伝えにまいりました」

「山崎文栄堂がどういう会社か知ってもらうんだ」山崎のその言葉が、若狹に自信をもたらせていた。

「さすがです」

担当役員はタブレットを見つめながら、呟いた。

「見せていただいた動画でも感じましたが、非常に社員教育に熱心なのが伝わります」

そしてタブレットを若狭の手に戻すと、すっと右手を差し出してきた。

「私たちもこれからは、価格ではなく、企業のクオリティを見ていきたい」

そう言って、若狭と握手を交わしたのだった。


「大変です！」

若狭の元に、一人の社員がやってきた。その社員の表情は驚くほど明るかった。

「例のグローバル企業が、今回は入札なしでうちと契約したいと」

「入札なし⁉」

「価格以上に、価値のある情報提供を行ってくれるところと取引を行いたいから、とのことでした」

社員は興奮していた。そして若狭の中からも、興奮に似た感情が湧き上がってくるのを感じていた。それは喜びでもあり、嬉しさでもあり、感動でもあった。

（やっぱりあの人、すげえや）

若狭は、社長室の扉を見つめ、感嘆の息を漏らした。

後で分かったことだが、このグローバル企業がこのように入札なしで契約に至ったのは、世界中で山崎文栄堂ただ一社だけだったという。

志をもとに奇跡を起こすチームへと変化がはじまった

（これが、志経営にシフトした山崎文栄堂という会社なのだ）

若狭は心の中で大声で叫んだ。

二〇二一年、新規に山崎文栄堂の顧客となった企業は、中小企業が一九七〇社、大手企業が一〇〇社の合計二〇七〇社となった。

以前は、営業をかけ続けて新規顧客を六〇〇社増やしても、四〇〇〇社がクレームで解約であった。それが今は、解約もクレームもゼロで、顧客が二〇七〇社増えている。

さらに、以前はほとんどなかった大手企業との新規契約が一〇〇社に達していた。

〈仲村恵子の所見〉和の法則

山崎文栄堂は新規開拓をやめ、営業をやめて二〇七〇社のお客が増えた。二〇二〇年、二〇二一年のコロナ禍でも前年対比一〇七％の伸び率をあげる事が出来た。

オフィス通販会社本社のビックデータ解析からは、普通の常識をこえる注文の仕方で、もはや解析不能、エラーが表示されるらしい。担当者から、謙ちゃんに「どのような取り組みをしているのか、他の代理店の参考にしたい」と、アンケート依頼や、講演依頼の連絡があり困って相談があった。

「恵子さん、どうしましょうか？　他の会社の全く参考にならないので答えようがないんですよ」

回答したアンケートを見せてもらった。

・クロージングはどうしていますか？　「していません」
・カタログや商品の説明はどうしていますか？　「していません」
・新規顧客にどのようにアプローチしていますか？　「していません」
・値引き交渉の対応はどうしていますか？　「していません」

「そもそも、営業をしていませんからね。だいたいお客さまからお声がけいただいた時は、すでに代理店を山崎文栄堂に決めているようで、お逢いしたときの九五%の会話は、ヒーローズクラブの活動や、どのようにして会社を変えたかの質問ばかりなんですよ。最後五分ぐらいかなぁ、契約の仕方のお話になるのは……。アンケートどうしましょうか」

謙ちゃんは本気で困っているようだ。

私は嬉しくなって答えた。

「どうしようって、直接参考にはならないかもしれないけど、もし興味があって聴きたい人がいらっしゃれば、私たちヒーローズクラブのお話をさせていただきます、でいいんじゃない」

その後ヒーローズクラブのリアルな物語をお話しする公演活動も、あちこちで開催させていただくことになった。

古来、日本にある「和の法則」。

地球は丸い、丸いから自分がギフトしたものが、廻り巡って自分のところへ返って来る。

普通は目の前の人を大切にして、その人から買って貰うか紹介してもらう、ギフトする相手も、返してくれるお客様も明確であった。だから直線的なお金の流れを創造する。だから実行計画も現在から未来に向けて時間が流れて計画していくだろう。何も間違っているわけではない。

しかし新時代の一人勝ちする戦略は、廻り巡ってどこから徳が返ってくるのか、さっぱりわからない。とくに最近は情報が速いから奇跡が加速して起こる。

そのステージにシフトすれば、もはや計画の立てようがない。自社の計画に執着すれば、それが制限になってしまうから不思議な世界だ。対応策は時間の流れを未来から現在に流れるように変えるしかない。理想にリアリティを持ち精一杯貢献活動をしていくうちに奇跡のような仕事が、予想もできないようなところから舞い込む事になる。

それが山崎文栄堂に、ヒーローズクラブに起こりはじめている。

第3章　幸せな社会を創り拡げる会社、山崎文栄堂

ヒーローズクラブ山崎文栄堂志経営発表会

「それでは、表彰に移らせていただきたいと思います」

檀上の隅で、司会進行役の女性が言った。マイクを通して、女性の滑らかな声が、広い会場内に響いた。

今日は、ヒーローズクラブ山崎文栄堂志経営発表会の日だ。

都内の有名ホテルの大広間を貸し切り、まるで結婚式のような雰囲気の空間には、過去最高の二〇〇名が座っていた。山崎文栄堂の社員だけでなく、銀行の支店長や執行役員、他社の社長仲間もたくさん顔を出してくれていた。

檀上には山崎の他に、若狭や櫻井、清家など幹部たちも立ち並んでいた。

名前を呼ばれた十数名の社員たちが、その華やかな舞台へ次々に登壇していく。そんな社員たちの様子を笑顔で見守りながら、山崎は檀上で賞状を持ち構えていた。

「人生においても、仕事においても、一回り成長しましたね」

笑顔の山崎が、社員に賞状を渡した。会場からは、大きな拍手が鳴り響いた。

「自分の役割をしっかりと発揮してくれました」

仕事に対してどれだけ頑張ってきたかを、山崎は表彰という形で労っていた。社員ひとりひとりに丁寧に言葉をかけ、賞状を渡していく。表彰が渡される度、会場にいる人たちの割れんばかりの拍手が、会場を覆い尽くした。

「次は、こちらをご覧下さい」

司会進行の女性の声を合図に、檀上の両脇に設置された巨大スクリーンにメッセージが映し出された。賞状をもらった女性社員の名前と共に、彼女の上司である櫻井からのメッセージがスクリーンに表れた。そこには、社員を労う言葉に、頑張りを認める言葉。上司として部下を思う気持ちが綴られていた。それだけでも感動していた彼女だったが、次の瞬間、驚いて声を上げた。

「お母さん!?」

櫻井からのメッセージの後に、サプライズで、彼女の母親の姿がスクリーンに現れたのだ。

ご両親からのビデオレターだった。

「昔から頑張り屋さんでしたね」

彼女の母親が、大きなスクリーンで娘に向かって話しかける。その映像を見た瞬間、堪え切れず、彼女は顔を押さえて声をしゃくり上げた。そんな彼女の姿にもらい泣きをし、涙を押さえている出席者もいた。

「続いて、こちらです」

再びスクリーンに、今度は男性社員の名前と、若狭からのメッセージが映し出された。そしてこちらも、ご両親からのビデオレターが流れると、感極まった男性社員が、目頭を押さえていた。

温かく、感動的な時間が流れていた。笑いや涙に包まれた、とても素敵な空間だった。

もちろん、経営計画発表会にも関わらず、一切の数字が出てこない。山崎文栄堂らしさだった。

幸せな国を創るヒーローたち

「ここで、私の同志たちを紹介させてください」

そして第一部が、終盤に差し掛かっていた頃だった。山崎自ら声を張り上げ、檀上から仲間たちを招いた。

「皆さま、盛大な拍手でお迎えください！」

山崎の声がマイクを通して会場に響く中、同志と呼べるヒーローズクラブの仲間たちが次々と登壇した。通常の経営計画発表会では、社外の人間が登壇するなど考えられない。けれど、誰もが不思議に思わなかった。

それも、山崎文栄堂だから。

皆がそう思っていた。ここには、同じ志を持った者たちしかいないからだ。

盛大な拍手の中、仲間たちが檀上に並んでいく。十五名の同志がずらっと並んだその姿を見たとき、なんて恰好が良いんだろうと山崎は思った。その姿は、まさしくヒーローの姿だった。

山崎は、社内改革が進んでいく様を見ながら、次第に、この国を良くしたいという気持ちに目覚めていった。会社の垣根を超えて社会に貢献していく。そんな道を、仲間と学び常に考えるようになった。

国連の発表する『幸せな国』において、日本は先進国の中で最下位だということを知った。その時、それは本来の日本の姿ではないはずだと強く思った。悔しかった。政治でそれがすぐに出来ないのであれば、私たち中小企業が力を合わせて立ち上がろうと、山崎は奮い立ったのだ。

そして今、檀上には長年共に学んできた同志と呼べるチームの仲間が並んでいる。

「幸せな国を創るためのヒーローたちです！」

これからも、手と手を取り合ってより良い未来を創っていく仲間に会えたこと、それは山崎にとってかけがえのない財産だった。

檀上には山崎文栄堂の幹部たちと共に、十五名のヒーローたちがずらっと並んでいる。その姿は格好良く、眩かった。

この光景は、ここにいる山崎文栄堂の社員たちの希望に、中小企業の光に、そして日本の憧れになるだろうと、山崎は確信した。

第二部は、同じ会場で行われた。今度は丸テーブルが置かれ、スタンディングによる懇親会だ。テーブルにはグラスと飲み物が置かれており、すでに談笑している者も多くいた。

「やっぱりあの新しいロゴマーク、素敵ですよね」

清家が、檀上に掲げられた山崎文栄堂の社旗を見つめながら、ふと呟いた。その言葉を受けて、櫻井も社旗を見やった。

檀上には、『ヒーローズクラブ山崎文栄堂志経営計画発表会』と書かれた大きな看板の下に、日本の国旗と、ヒーローズクラブの旗と、山崎文栄堂の社旗が並んで垂れ下がっている。それはまるで、山崎文栄堂から発信する志を日本の中小企業に、という意味が込められているようだった。

山崎文栄堂が百周年を迎え、会社としても心機一転ということで、ロゴマークが変わったのだ。

以前は、文具店を表す鉛筆をモチーフとしたロゴマークだった。丸い水色の鉛筆と濃紺で表現された芯が、まるで卵を割ったような可愛らしいデザインだったが、今の山崎文栄堂は、文房具店の鉛筆のマークでは足らない志を持っているため、まるで違うデザインに変わったのだ。

手と手を取り合い、人との繋がりを大事に世界へ羽ばたいていく。そんな思いから、五つの山が重なり、まるで大自然と人が手を取り合っているようなデザインに変わった。五色の山が円になって重なると、真ん中には一つの白い大きな花が現れている。山はそれぞれ思い

山崎文栄堂

YAMAZAKI BUNEIDO

山崎文栄堂の世界観が表現された新ロゴマーク

やりを感じられる日本独特の色合いで、山吹色、緑掛かった淡い水色、紅葉色、濃い山の緑色、屋久島の空を想像させる青色が、とても柔らかな雰囲気を醸し出していた。日本の良さと、山崎文栄堂の世界観が見事に表現されているロゴマークだ。

「国旗と並ぶと、なんか日本の代表企業みたいに見えるね」

櫻井も社旗を見上げ、呟いた。

「すごい格好いい」

二人とも、この場を誇りに感じていた。

「おめでとう」

「とても素晴らしい会だね」

「感動したよありがとう！」

あちこちから、感動が溢れる声が、皆の周りに響いていた。

「まるで、これからの日本の在り方だね」

銀行の執行役員の一人が、若狭に言った。そこには、山崎と他社の社長が肩を抱き合う姿があった。会社の垣根を超えた同志の絆。それはまさしく、これからの日本の在り方を映していた。

「羨ましいよ」

そう言って、笑った。銀行の世界では、企業を超えて肩を抱き合う姿を見られるのはまだ先なのかもしれないと、執行役員の少しだけ寂しそうな笑みを見て、山崎ならその垣根も取っ払ってしまうかもしれないと若狭は思った。

「本当に。これが日本の示すべき道なのかもしれない」

そう言ってグラスを片手にやってきたのは、取引のある大手企業の社長だった。

「山ちゃんには、何の壁もない。垣根もない。あるのは志だ。これぞ、日本のあるべき姿だね」

山崎文栄堂という小さい企業に対して、日本の経済を支えている大物たちが口々に山崎を認める発言をしていく。そして感嘆の言葉を漏らすのだ。

それがどんなにすごいことか、山崎本人は気付いているだろうか。そんなことを考えると、若狭はおかしくなった。

「そうなんです。うちの山ちゃん、すごいんですよ」

山崎と共に働けていること、同じ志を持って進めていること、何より同志になれたこと。若狭はそれらすべてが、誇らしかった。


「山ちゃん、志経営の成功おめでとう！　そしてありがとう」

恵子さんは思わず、山崎に向かって声を掛けた。横にいた銀行の執行役員も、大手企業の社長も、同じ気持ちであると言わんばかりに笑っていた。

皆が笑顔で称え合い、社員も社長もお客様も、心からの笑顔できらきらと輝いている。ここが経営計画発表会であることを忘れているかのように。

「かんぱーい！」

山崎がグラスを高く掲げると、若狭も、櫻井、清家も、同じようにグラスを掲げた。カチーンと豪快な、けれど美しい音色があちこちからも響いていた。

次のステージに向かっていく。そんな力強い意志が、会場中にみなぎっていた。

自分だけという狭い考えを超えると、同志が出来た。

考え方をシフトしたら、皆の行動が変わり、結果も変わっていった。

同じ志を持って、皆が同じ方向に進んでいく。

そして同志が集まってチームが出来ると、今まで抱えていた不安や悩みが小さくなっていった。

山崎も若狭も、自分のことだけでなく、会社全体のことを考えた。

次は自分の会社のことだけでなく、垣根を越えて他社のことを考えるようになった。

今度は社会のことを考え、次第にその考えは国のことと、地球のことと、どんどん広がっていった。

このヒーローズクラブのチームでは人生と仕事の繁栄を実現するために、企業を超えて協力し合っている。

「幸せな社会を創り拡げる」

この言葉は今も、山崎文栄堂の大切な志だ。今後のヒーローズクラブは「和の国、日本を元気に立ち上がれ豈魂《やまとだましい》！」を合言葉に新時代に合わせて、新たな豈プロジェクトに挑戦していくことになる。

その先頭が、山崎文栄堂という会社なのだ。

各テーブルを回っている時だった。山崎はトントンと肩を叩かれ、振り向いた。すると。

「支店長！」

そこにはいたのは、詐欺事件の直後、個人決裁で新規の貸し付けを行ってくれた銀行の支店長だった。

見ると、渋谷区中の銀行の支店長が集まっている。こうして皆が、山崎文栄堂の発展を見守ってくれているのだ。

「こうなると、私は信じていましたよ」

支店長はそう言うと、にやりと笑った。

「まあ、こうなってくれなきゃ、私の首が飛んでたんですけどね」

山崎の耳元で支店長が呟くと、二人は思わず吹き出した。あの時の苦境を、誰よりも分かり合っている者同士の笑いだった。

「全社員一丸となって、よくぞ乗り越えました」

支店長が右手をすっと出し、そして山崎はその手を強く握り返した。山崎の目頭が熱くなった。

「山崎文栄堂と付き合っていて、本当に良かったと思いました。快進撃は、まさに度胆を抜かれましたよ。けれどこういう風に乗り越えて、そしてさらに他の会社に元気を与えるというのは、本当に素晴らしい。日本に、こういう会社が増えていってほしいですね」

あの事件後も、山崎と支店長とは、変わらず付き合いが続いていた。銀行訪問のときには、いつも支店長室で丁寧な対応をしてくれ、真っすぐに話を聞いてくれる。まさに企業の垣根を超えた、人と人との付き合いだった。

「これからも、頑張ってください」

山崎はその言葉を胸に、更なる飛躍を誓った。固く交わした握手を、これからもきっと、何度も重ねていくのだろう。

「今日は来てくださって、ありがとうございました」

山崎がそう言うと、支店長は満面の笑みで応えてくれた。

幸せな社会を創り拡げる

あれだけ上手くいかなかった毎日が、経営者勉強会との出会い、仲村恵子さんとの出会いで、ここまで大きく変化するとは。

本当にこれが現実なのか、夢ではないのか。

山崎は会場を見渡しながら、改めて、それまでの軌跡を思い出していた。

ヒーローズクラブ山崎文栄堂志経営計画発表会

初めて参加した経営者勉強会の研修会。社員に対して、なんて自分は酷いことをしてきたのか、心の底から気づかされた。大声で泣いた。

それに続く屋久島。初めて、自分自身と深く向き合った。大自然がそれを後押ししてくれた。自分が社長というキャラクターに縛られていたこと。過去のトラウマから己が見えなくなり、自分にも他人にも無理を強制するようになっていたこと。

誰よりも頑張ることが、頑張らせることが、正義になっていたことに気づいた。

そして、蓋をしてきた過去の傷跡をちゃんと把握し、認めることで、偽りの強さの殻を破り本来の自分と出逢うことが出来た。

（この会社を、山崎文栄堂を、もともと思い描いていた、社員全員が幸せで笑いが絶えない会社にしたい）

自分の原点に立ち返ることができた。

謙ちゃんとの屋久島ワーク。

トロッコ道で、ドロドロになりながら歩いた。そのときの気持ちは、どんなときでも鮮明に思い出せる。山の美しさと厳しさ、険しさは、まさに人生のようだと今は、言える。

止まない雨の中を、一歩一歩苦しみながら歩を進めた。もうだめだと思ったとき、雲が切れ、明るい日が差し込む。それまで部下であった謙ちゃんが、同志になった。

「幸せな社会を創り拡げる」が現れた。恵子さんの指導の下、志経営に向かって、謙ちゃんと一緒に走り出した。

働く力を無くしつつあった友ちゃん、限界を感じて会社を辞めようとしていた美奈ちゃんが、心を割って本音で話してくれるようになる。本気で会社を変えていこう。会社を良くしていこう。皆が一つになった。ワンチームになった。

そして、あれほどしがみついていた売り上げ、新規開拓を捨てた。

その直後に起こった詐欺事件。山崎が本当に成長したのか、山崎文栄堂が本当に変われたのかを試された。

そんな試練を、皆で必死になりながら、それでも楽しんで乗り越えた。

そこには、本当に本当にたくさんの仲間がいた。

山崎は幸せだった。この幸せを、日本中、世界中に拡げていきたい、そう思った。

そんな山崎文栄堂に、社員もお客様も協力企業が、どんどん集まった。

(間違いなくできる。幸せな社会を、日本中に、そして世界へ拡げていける)

山崎は確信した。


「山ちゃん、これからもよろしくね」

振り向くと、満面の笑みの若狭がいた。

「これから、もっともっと、お役立ちしていきましょう」

若狭の背後から、櫻井と清家が現れ、ガッツポーズをとる。

「山ちゃん。どんどん面白いことをやって、日本を明るく元気にしていこう」

ヒーローズクラブの面々が、山崎を取り囲んだ。

(こんなにたくさんの仲間と一緒に、志に向かって進んでいけるなんて……)


「皆さま、本当にありがとうございました!」

山崎は、思わず、目一杯の大声で叫んだ。会場から大きな拍手が巻き起こる。

「本当にありがとうございました!」

山崎は、もう一度、大声で叫ぶ。その視線の先には、微笑んでいる恵子さんの姿があった。

山崎へ、山崎文栄堂へ、仲間たちへ向けた拍手は止まない。

会場中が笑顔で一体となる。

その空間は、まさしく希望の光で包まれていた。

「皆さま、これからも、よろしくお願いします！」

〔仲村恵子の所見〕

おめでとう、良かったね！

みんな楽しく大宴会が大いに盛り上がっている。

崩壊寸前からの大逆転。山ちゃんと謙ちゃんの、決断と覚悟の行動。十年に及ぶハラハラ、ドキドキ、泣いたり笑ったりの大冒険。

本当に素晴らしいチームになったと感謝する。

さぁ、次なんだけど。すぐに次の作戦があるからね、実はここからが本番なんだよ。

ここまで十年って、かかりすぎかぁ。でも一期生だから仕方ないよね。道なき道を藪かきして創る感じだもんなぁ。後から来た人は、道があるから楽だよなぁ、山崎文栄堂の半分以下、そうねぇ……、早ければ二〜三年くらいでここまで来られると思う。やっぱり二番手三番手は、得だなぁ、これも山崎文栄堂のお役目だよね。

さあ、次の大冒険を詳しく話す前に、一応確認なんだけど、もちろん、自分の会社が良くなったから、ハイこれで終わりってわけじゃないことはわかっているよね。

結局、第1ステージって自分の会社がよくなりましたってだけの物語だからね。第1ステージの、ステップ1．自分の成長　ステップ2．幹部と同志　ステップ3．会社がワンチームになる、ここまでをクリアして、さらに第2ステージ『他力の風が吹き始める』まで来たよね。

いよいよ第2ステージのステップ4、5、6の始まりね。

第2ステージのステップ4は、自分たちが出来た事を必要な他のチームに教えてあげるのよ。みんなやり方がわからなくて困ってるんだからね。そして今度は仲間をドンドン助けて応援していこう。

第2ステージのステップ5は、日本を元気にする『豈プロジェクト』、本格的にスタートするからね。準備は万端？　さぁいよいよこれからが本番よ。

気合入れて大冒険をはじめよう！

さらなる大航海が始まる。

山崎文栄堂は、一人が立ち上がり謙ちゃんと二人になり、友ちゃん、美奈ちゃんと四人になり、ワンチームになった奇跡の物語。

次の冒険は同志になったヒーローズの仲間たちがいる。

みんなで力を合わせて立ち上がろう。日本を元気にする『豈プロジェクト』だ！

魂の成長に終わりはない、人生の終焉まで仲間と冒険したいと思う。なぜって、精一杯生きるって最高に楽しいから。

さぁ「経営という冒険を楽しもう」ヒーローズの仲間たちが、志を共にする仲間たちが、立ち上がり集まって来る。

さぁ行くわよ、日本を元気に立ち上がれ豈魂。晴れ晴れキラキラと胸を張って、いくぞ～出航だぁ！

エピローグ

山崎文栄堂　専務取締役　若狭謙治

「心から信頼できる仲間と、世界中を冒険をして、なおかつ業績がよくなっていく方法があるとしたらどう？」

メンターの仲村恵子さんから聞かれた最初の質問です。

私は心の中で正直にこう思ってました。

(そんなことはあるわけない。売り上げは訪問件数に比例する。努力して追いかけないと上がらない。心から信頼できる仲間など不要だし、ましてや、その仲間と冒険をしていて業績がよくなるわけがない)

自分の十年やってきた「売り上げを追うには社員個人の努力が必要だ」という信念とはあまりにもかけ離れていて、何か自分のやってきたことが否定されているようで、悔しいのと少し寂しい思いがありました。

業績は良いのだけど、なぜかあまり嬉しくない。社員が育たない。すぐに辞めてしまう。

自分の収入も上がったけど毎日がつまらない。この毎日の延長線上に面白く楽しく幸せな未来が描けないことが何かおかしい、と思い始めていたころ、何気ない会話の中で交わした仲村恵子さんの忘れられない言葉があります。

「人は物事に飽きるのではないんだよ、成長しない自分に飽きるのですよ」

売り上げを上げることが成長につながると信じて頑張ってきましたが、気が付いたら去年とやっていることが何にも変わっていない。成長しない自分に飽きているんだと、気付き思い頭が真っ白になりました。

そしてさらに、恵子さんから生きるステージがあることを教えていただきました。

「自分さえ良ければよいステージ、自分の会社だけが良くなればよいステージ、他の会社も良くなればいいというステージ、そして日本全体、社会全体が良くなるようにというステージ、人にはそれぞれ生きているステージがあるんだよ」

私はこの話を聞いた時、三十分くらい放心状態になりました。

「自分だけよければいい」と協力しない組織になっていること、「自分の会社だけ大きくなれば良い」と、ライバルからお客様を奪ってきたこと、胸が痛みました。

自分のやっていることが何に繋がっているのか？　このままいく人生で良いのか……？

様々なことを自分に問いかけ「こんな自分から抜け出したい。これからは人の役に立つために成長したい。絶え間なく魂を磨いていきたい」と初めて自分の本心に触れたのです。

本書で山ちゃんとの宮之浦岳登山について書かれています。屋久島のトロッコ道を内省内観をしながら歩いていた時に、私は『日本人の精神』についても思いを寄せていました。

日本人は本来自分の事だけではなく、みんなのことを考える精神であったこと。隣近所の子供を自分の子供のようにかわいがり、地域を愛し、自分と同じくらい周りを大切にする、そのようなつながりを大切にする民族であったこと。

一方山崎文栄堂を思い返すと、自分のことだけになってしまって、「他人は関係ない」「自分だけ良ければ良い」と無関心、無干渉のチームになっている。

トロッコ道から見える景色は、雨上がりで雲間から光がさし、森の緑がキラキラと輝いていて自分も自然も一つなんだと、自然とのつながりを感じました。

目に見えないもの、つながりを大切にする会社にしたい、みんなのことを考える高い志の方々と繋がっていきたい、そういう幸せな社会を創ることに貢献したいと、自分の内側から湧き出てくるのを感じました。

売り上げを追い求めていた時代、私たちはいつも『やり方』を学び、取り入れてきました。しかし、すべてやりつくしても会社がうまくいかず、八方塞がりになりました。あとは上に飛ぶしかないとなった時にメンターと出会い、学び、体験し、私たちは「やり方ではなく、考え方をシフトするんだ」と気付いたのです。

自分の世界観を拡げていく学び、そして、大自然の中で良質な体験をする学び。

私は視座高く学ぶことがすごく大事だと思います。自分の視座が高くなると視野が広がり、見ている世界、つながる世界が大きくなる分、喜び幸せも総量として増えていくからです。大人になってから、私たちはどれだけ学んでいるでしょうか。そしてその学びは自分のためだけではなく、周りの人たちのため、社会のための学びでしょうか。

本書を手に取っていただき、少しでも心が動いた方、是非ヒーローズクラブの仲間に会いに来てください。そして、未来の日本、次世代のために一緒に学びましょう！

ありがとうございました。

山崎文栄堂　専務取締役　若狭謙治

山崎文栄堂　本部長　櫻井友子

『人生と仕事の繁栄』……あり得ないと思っていました。「仕事が辛い、苦しい」は当たり前。「楽しさや喜びを得るためには何かを犠牲にしなければならない」、山崎文栄堂が売り上げを追いかけていた時代、こんな思い込みがあったから走ることができたのかもしれません。もう限界かもしれないというタイミングで山ちゃん・謙ちゃんがワールドユーアカデミーで学び始め、会社が変わり、私自身の人生と仕事も大きく変わりました。

そして転機となったのは、チームで学び始めて会社が良い方向に変わってきた頃に起こった思いもよらない事件です。

責任をとって退職を考えていた時、社長の山ちゃんは「友ちゃんと一緒に仕事ができて嬉しい」と言ってくれました。

そして上司の謙ちゃんに「山崎さん、若狹さんに恩返しができるように頑張りたい」と伝えたとき、こんな言葉が返ってきました。「山崎さんにとか僕にとかではなくて、社会全体に返していこうよ。社会全体の中に僕たちも含まれているから(笑)」。この言葉を聞いた時、自分のため、会社のために働くのではなく、これからは社会の役に立ってお返ししていくんだと、自分の心に火が灯ったのを覚えています。

私はありがたいことに、山ちゃん・謙ちゃんの経営判断で人生が一八〇度変わりました。自分の事だけの人生から、人の役に立つことが嬉しい人生、何か日本に貢献したいと思える人生になりました。

そして、人生も仕事も楽しみながら成功することができるんだと、自分の体験を通して信じることができるようになりました。

私たちの物語が心にとまり、ご自身の、そして仲間や家族の『人生と仕事の繁栄』について考えるきっかけになっていただけたら幸いです。

お読みいただきありがとうございました。

山崎文栄堂　本部長　櫻井友子

山崎文栄堂　部長　清家美奈

諦めていた人生に光をみいだし、仲間と学びのおかげで二つのことに気づきました。

一つは『幸せ』は、何かの犠牲とセットであるとずっと思い込んでいました。

ですから、「仕事と人生の両方を繁栄させていく」この言葉を初めて聞いたときには、仕事しかしてこなかった父の背中をみて育ったこともあり、違和感しかありませんでした。本当にそんな世界はあるのだろうかと信じられない思いでした。

ワールドユーの学びを通じて、気づいたことは、『幸せ』は自分の中にすでにあるものだということです。『幸せ』は犠牲とは関係がなく、そう思い込んでいたのは、自分自身だったことに気づきました。

仲間と大自然の中で絆を深めていく過程で、仲間の存在に感謝し、世界中を冒険しながら、世のため人のために生きる、そんな楽しい生き方があることを知りました。そしてそれが日本中に拡がっていったらどんなに素晴らしいことだろうと今は思います。

それができる時代に、命をいただいたこと、そして、それを気づかせていただいた出会いに心から感謝します。

二つ目は、私自身、日本のことをあまりよく知らないということがわかりました。衝撃でした。そのことに気づいた者の役割として、日本について学び、次の世代につなげていくのが一つの生きる目的ではないかと思います。

仲間との学びから頂いた二つの気づきのおかげで、人生が変わってきました。

何か外側の世界に幸せや希望を求めるのではなく、自分自身の内側にすでにある幸せや希望、愛に意識を向け、いつも感じて周りを助けていく。日本人としての誇りを取り戻し、おひとりおひとりの幸せが、世の中の幸せにつながるような世界を、志の通うみなさんと一緒に描いていきたいと思います。

山崎文栄堂　部長　清家美奈

山崎文栄堂　代表取締役　山崎登

エピローグを書かせていただいて感じますのは、「こんなにも学びの多き楽しい人生でありがたい。だからこそ世のため人のために恩返しする」という思いです。

今、生活や経済に制限があり未来が見えにくい時代、みなさんはどんな人生を歩まれていますでしょうか。

十年前にメンターの仲村恵子さんから「中小企業が日本の柱。五〇%学び、五〇%貢献、一〇〇%楽しいという新しい働き方ができるんだよ」と言っていただき、まったく理解できませんでした。

寝る間も惜しみ暗闇を営業で走り続けた時には、楽しいがわかりませんでした。夢を聞かれると困りました。志は言葉だけが独り歩きして、自分の会社を潰さないことばかり考えていました。

試練に立たされたのと百年企業の経営者の直感で、もうこのやり方をやめように至ったのです。

学びによって不安の感情を思わなくなり、その代わりに「幸せを創り拡げる」という同じ思いで、謙ちゃん、友ちゃん、美奈ちゃんと、嬉しい楽しいありがたいと、毎日が冒険のような仕事と人生になって、全く経験したことない感動と信じられない奇跡への感謝があります。

以前オフィス通販事業に参画したときに社会が変わる躍動を感じました。今三十年を経て、競争社会から共創社会への大変革を感じます。

ヒーローズクラブの仲間とともに、和の国日本を元気に！　日本復興のために立ち上がろう！　と志高い良きコミュニティで企業を超え共に助け合い繁栄し、経済の復興とともにひとりひとりが輝く教育を切り拓いていく活動をさせていただいている今が、人生で一番楽しさを感じているのかもしれません。

おかげさまで、自分の悩みが解決し、同志ができて、ワンチームになった今、お役立ちに挑みながら、まだまだ未熟で至らないことに直面するのです。それがありがたいです。多くの試練を乗り越えてきた体験経験があるからこそ、「ここに人生がシフトする新しい成功の一本道があるんだ」「みんなでこの尊い日本を守り抜く」という想いに溢れます。

全国の経営者リーダーと分かち合いたいのです。どこへでも飛んでまいります。お声掛けください。一緒にこの素晴らしい日本を良くしていきませんか。

お読みいただいた皆様、支えていただだている皆様に心より感謝を申し上げて、ともに和の国日本を盛り上げてまいりましょう。

本当にありがとうございました。

山崎文栄堂　代表取締役　山崎登

おわりに

楽しんでいただけましたか、山崎文栄堂の奇跡の物語。

このチームに出逢えたおかげで、ヒーローズクラブを立ち上げ、大冒険が最高に楽しくなったと感謝しています。

よく毎月、理解しがたい課題に、すべて挑戦し行動し続けて下さったなぁと共に歩んだ年月を振り返り、尊敬と感謝が溢れてきます。

現在、山崎文栄堂は新たな第2ステージを超えていく航海をはじめています。

山ちゃんはヒーローズクラブ全体の財務のサポートを、謙ちゃんはヒーローズクラブの事務局長を、山崎文栄堂のチームはヒーローズクラブ全体のサポートや、日本を元気にする豈プロジェクトに活躍してくれています。

私は信じています。皆で助け合えば可能性は無限に拡がると。

競い合う社会から、チームの垣根さえ超えて助け合う社会になれば素晴らしいです。このリアルな世界を拡げる為には、自分の世界観をひろげていく教育の更新しかないように思います。

これからも、しばらく試練は続くようです。しかし明けない夜はない。いつまでも苦労する境涯を超え、安心と幸せな人生を生きる未来の為に、ほんの少し「このままでいいのか？」「なんかおかしいよなぁ」と思ったのなら、歩む道か、考え方か、何かが違うのかもしれません。

ほんの少し立ち止まって再検索してみませんか？

その手掛かりはとっても簡単です。誰と一緒にいるのか？　です。住む世界によって『普通』は大いに違います。

もし周りの意見を良く聴いて、真面目に働いているのにも関わらず、苦労している日々が続くなら、今の普通とは違う世界を探してみて下さい。元気に活躍し大いに繁盛している所を覗いてみたらどうでしょう？　キラキラ輝いているから、きっと探せば見つかると思います。普通から考えると、変わった人たちだなぁと思うかもしれません。ただ行動と結果を正観して「一緒にいたら楽しそうだな！」と思ったら自分の直感を信じてみては如何でしょう。

今までと違う行動は新たな世界拡げてくれるでしょう。

試練が不安なら普通です。ありがたいなら変わっています。もし感謝しながら超えて行こうと思う、力強い善き仲間と出逢えたら、奇跡が起こるかもしれません。

私はどのような事があろうとも、この世界を神々が創っているという考え方を採用したら、神様は、きっと愛を持って私たちの成長を願い、魂を成長させてくれると信じることにしています。

誰かがどこかで「日本を元気に！」と拳を上げれば、「そうだよね！」と笑顔と元気が湧いてくる。自由に素直に堂々と叫ぶことができたら、どんなに心が晴れやかになり、エネルギーが溢れてくるか、魂は知っているように思います。

そんな世の中になることを願っています。

志高い、善き仲間に出逢えますように。

選ぶのではない、選ばれる人になるのです。

「経営という冒険を楽しもう！」

生きているうちに奇跡のような出逢いを楽しみにしています。

「HERO'S CLUB」「豈プロジェクト」主宰

株式会社ワールドユーアカデミー 代表取締役 仲村恵子

屋久島の映像や、体験記などもたくさんありますので、「World U Academy/ヒーローズクラブ」のＹｏｕＴｕｂｅチャンネルを見てみてくださいね。

YouTube チャンネル
QR コード

仲村　恵子 (Keiko Nakamura)

志経営コンサルタント
株式会社　World U Academy 代表取締役
ヒーローズクラブ　豈《やまと》プロジェクト主宰

22 歳で独立起業し業績を伸ばすも、いつのまにか数字を追いかけ続ける人生に疑問を持つ。世界中にメンターを探し、「人生と仕事の繁栄を実現する」ための「考え方をシフトする独自のプログラム」を開発。志経営コンサルタントとして、延べ１万人以上のトレーニングを担当。

研修しても根本的な解決は出来ないと言われるコンテンツ「人間関係と新時代のお金の問題」を、画期的な学習プロセスで安全に理解し、まるで奇蹟のようだと言われる結果を引き起こし、経営者・経営幹部・後継者・ご家族の問題を根本的に解決し、数々の実績を収める。

近年では日本人の根幹となる精神性の高さを復興する豈プロジェクトを立ち上げ「地球で学ぶ。会社が魂の学校になる日」を始動。世界遺産屋久島・カナディアンロッキー・ヒマラヤ山脈・北極圏など地球をフィールドに質の高い体験を通して、社会に貢献し愛される魅力的な会社を超えたコミュニティづくりに邁進している。

World U Academy　https://world-u.com
ヒーローズクラブ　https://heroes.world-u.com

経営という冒険を楽しもう 4
山崎文栄堂の奇跡 後編

定価（本体1364円+税）

乱丁・落丁はお取り替えします。

2021年12月16日初版第1刷発行
2022年 1月 8日初版第2刷発行
著 者 仲村恵子
発行者 百瀬精一
発行所 鳥影社 (www.choeisha.com)
〒160-0023 東京都新宿区西新宿3-5-12トーカン新宿7F
電話 03-5948-6470, FAX 0120-586-771
〒392-0012 長野県諏訪市四賀229-1（本社・編集室）
電話 0266-53-2903, FAX 0266-58-6771
印刷・製本 モリモト印刷

ISBN978-4-86265-935-4 C0095